Sei wie du bist

Mobbing – ohne uns!

In Einfacher Sprache

Spaß am Lesen Verlag
www.spassamlesenverlag.de

Diese Ausgabe ist eine Bearbeitung des Buches
Doe normaal! von Marian Hoefnagel.

Text Originalfassung: Marian Hoefnagel
Illustrationen: Roelof van der Schans
Deutsche Übersetzung: Camilla van Heumen
Redaktion und Gestaltung: Spaß am Lesen Verlag
Druck: Easy-to-Read Publications

ISBN 978-3-947185-42-9

Marian Hoefnagel

Sei wie du bist

Mobbing – ohne uns!

In Einfacher Sprache

Schwierige Wörter oder Ausdrücke sind unterstrichen. Die Erklärungen stehen in der Wörter-Liste am Ende des Buches.

Inhalt

Wieder Schule

Kim und Peter laufen auf den Schulhof.
Es ist der erste Schultag nach den Sommerferien.
„Ich bin gespannt, wer unser neuer
Klassenlehrer ist“, sagt Peter.
Kim nickt. „Ich hoffe, es ist ein Mann“, sagt sie.
Peter guckt erstaunt.
„Warum? Was hast du gegen Frauen?“
Kim grinst.
„Nichts“, sagt sie. „Aber Männer denken sich
schönere Klassenfahrten aus.“
Peter zieht die Schultern hoch.
„Das glaube ich nicht“, sagt er.
„Das hat doch nichts mit Mann oder Frau sein
zu tun.“
„Das wirst du schon sehen“, sagt Kim.

In der Aula geht es schon lebhaft und laut zu.
Es wird gewunken, gerufen und gelacht.
Peter und Kim setzen sich zu ihrer Klasse.
Zum großen Teil sind es dieselben Gesichter
wie im letzten Schuljahr.
Es war eine lustige Klasse, letztes Jahr.

Das fanden alle: die Schülerinnen und Schüler
und auch die Lehrer und Lehrerinnen.

Der Direktor betritt die Bühne.
„Guten Morgen zusammen“, sagt er.

Er erzählt einige Dinge über die Schule.
Was sich während der Sommerferien geändert hat.
Dass vier Lehrer die Schule verlassen haben.
Und dass vier neue Lehrer dazugekommen sind.
Dass es einen Fehler im Schulbuch gibt.
Kim ist langweilig. Sie schläft fast ein.

„Das ist Walter Sand“, sagt der Direktor dann.
„Er wird Klassenlehrer von der Klasse 9A.“

„He, das sind wir.“ Peter stößt Kim an.
„Komm jetzt. Wir sollen zum Biologie-Raum.“
Kim trottet mit den anderen aus der Klasse 9A los.
Hinter Walter Sand her.

„Da kriegst du deinen Willen“, sagt Peter.
„Wir bekommen einen Mann als Klassenlehrer.
Ganz wie du es dir gewünscht hast.“

Kim schaut sich den neuen Lehrer an.
Er ist ein bisschen dick und bewegt sich unbeholfen.
Er läuft vor ihnen her wie ein tapsiger Bär.
„Dort ist doch der Biologie-Raum, nicht wahr?",
fragt er und zeigt mit seiner Hand dorthin.
„Nein, dort", sagt Jakob.
Er zeigt auf die andere Seite.
Was soll das denn?, denkt Kim.

Walter Sand schaut sich erstaunt um.
Dann sieht er in die Gesichter um sich herum.
Seine Augen sehen fragend aus
hinter seinen dicken Brillengläsern.
„Ich weiß noch nicht so gut Bescheid hier",
sagt er verlegen.
„Es war nur ein Scherz von Jakob", sagt Kim rasch.
„Kommen Sie, ich gehe voraus
und zeige Ihnen den Weg!"

Der neue Klassenlehrer

Im Biologie-Raum setzt sich Walter Sand
auf seinen Tisch.
„Ihr dürft mich Walter nennen“, sagt er.
„Oder Herr Sand, wenn ihr das schöner findet.
Wenn das okay für euch ist,
nenne ich euch alle beim Vornamen.
Oder soll ich euch siezen? Ist euch das lieber?
Kein Problem. Ihr müsst es mir nur sagen.“

Die Schüler lachen. Was für eine verrückte Idee!
Die Schüler nennen ihren Lehrer beim Vornamen.
Und der Lehrer spricht die Schüler
mit Herr oder Frau an.

„Ich werde euch etwas über mich erzählen“,
sagt Walter.
„Und das ist keine fröhliche Geschichte.
Ich erzähle es auch nicht in allen Klassen.
Aber ihr seid meine Klasse. Ich finde:
Ihr sollt ein bisschen was über mich wissen.“
Walter erzählt, dass dies sein erster Schultag
nach einer längeren Pause ist.

Und dass er sehr nervös ist.
„Vor fünf Jahren habe ich angefangen
zu unterrichten“, sagt er.
„An einer Schule in einer großen Stadt.
Das war eine Brennpunkt-Schule.
Also gab es viele schwierige Schülerinnen
und Schüler. Das wusste ich vorher.
Aber ich habe gedacht:
Ich gebe einfach mein Bestes.
Dann wird es schon klappen.“
Er setzt seine Brille ab.

„Mit den meisten Schülern ging es auch gut“,
fährt er fort.
„Mit einigen aber nicht.
Die fingen an, mich zu necken.
Sie nannten mich Grünschnabel.
Darüber musste ich lachen.
Es stimmte ja auch: Ich war ein Grünschnabel.
Die Schüler dachten sich kleine Streiche aus.
Sie packten meinen Stuhl voller Abfall.
Oder versteckten meine Unterlagen.
Darüber musste ich auch noch lachen.
Aber dann wurde es immer schlimmer.

Das waren keine Scherze mehr.
Sie zerschnitten die Reifen von meinem Auto.
Und sie riefen mich an, mitten in der Nacht.
Sie brüllten hässliche Dinge ins Telefon.
Eines Tages warfen sie meine weißen Mäuse
ins Aquarium.
Die Mäuse hatte ich mit zur Schule genommen.
Ich hatte vor, sie im Unterricht einzusetzen.
Jetzt waren sie tot.
Ich bin heulend nach Hause gegangen."

Walter setzt seine Brille wieder auf.
Er schaut in der Klasse umher.
Die Schülerinnen und Schüler sitzen ganz still
und hören zu.
„Ich wurde immer nervöser und schreckhafter.
Ich war richtig überdreht", sagt er.
„Ich konnte nicht mehr schlafen.
Schließlich wurde ich krank.
Es dauerte sehr lange, bis es mir wieder besser ging.
Und dann durfte ich nicht mehr zurück
in diese Schule.
Aber ich wollte gern weiter unterrichten.
Das ist schließlich mein Beruf.

Und der gefällt mir auch echt gut.
Ein Freund von mir arbeitet hier, an dieser Schule.
Er sagte: ‚Komm zu uns.
Bei uns werden Lehrer-Stellen frei.
Und ich werde den Direktor fragen,
ob er dir die netteste Klasse gibt.‘ “

Walter hält kurz inne.
„Und das seid ihr also“, sagt er dann.
„Ich hoffe, dass mein Freund recht hat.
Ich bin sehr aufgeregt.“

Eine nette Klasse

Die Schüler der Klasse 9A sitzen draußen,
auf dem Schulhof.
„Was haltet ihr von Walter?“, fragt Jamila.
„Ich finde ihn sehr nett“, sagt Kim.
„Er hat so viel über sich selbst erzählt.
Das finde ich mutig.“
„Lehrer machen das sonst nie“, sagt Jakob.
„Aber ich finde es blöd.“

Peter schüttelt den Kopf.
„Nee“, sagt er. „Blöd ist es nicht.
Aber doch irgendwie anders.“
Die anderen nicken. Ja, das ist es: anders.

Sie sprechen dann über ihre Hausaufgabe.
Walter hält nichts von Mobbing.
Das können sie gut verstehen.
Denn er wurde ja richtig schlimm gemobbt.
Walter möchte, dass in seiner Klasse
niemand gemobbt wird.
Nun sollen sie sich gemeinsam etwas gegen
Mobbing überlegen. Was kann man tun,

damit niemand gemobbt wird?
„Sprecht miteinander darüber“, hat Walter gesagt.
„Erzählt euch, was ihr unter Mobbing versteht.
Und was nur Spaß und Neckerei ist.“

„Ich finde das ganz schön schwierig“, sagt Jamila.
„Ich trage ein Kopftuch. Manche Jungs nennen
mich deshalb *Tüchlein*. Das kränkt mich.
Aber ist das Mobbing?“

„Wenn du es schlimm findest, dann ist es Mobbing“,
sagt Peter.
„Ja, dann ist es wohl Mobbing“, sagt Jamila.
„Aber die Jungs, die *Tüchlein* rufen, sehen das nicht so.
Die finden es lustig. Jeder sieht das anders.“

„Nein, nicht alles ist Spaß“, sagt Jakob.
„Mäuse ertränken? Das geht schon mal gar nicht.“

Da sind sich alle einig. Es gibt Grenzen,
die auf keinen Fall überschritten werden dürfen.

„Wir machen einen Vertrag“, sagt Jakob schließlich.
Hä? Die anderen schauen Jakob erstaunt an.

Jakob erklärt:
„In dem Vertrag steht, dass wir einander nicht mobben. Wir mobben keine Mitschüler.
Wir mobben keine Lehrer und Lehrerinnen.
Und die dürfen uns auch nicht mobben.
Wir alle unterschreiben den Vertrag.“
Sie nicken. Ja, das scheint ein guter Plan zu sein.

„Aber dann müssen wir auch festlegen,
was wir unter Mobbing verstehen“, sagt Peter.
„Muss so etwas auch im Vertrag stehen?
Wo hört der Spaß auf und wo fängt Mobbing an?
Schreiben wir zum Beispiel:
Niemand darf Jamila *Tüchlein* nennen?“

Da lachen alle.
„Wir werden Walter fragen“, sagt Kim.
„Der weiß viel über Mobbing.“
Und wieder müssen alle lachen.

Walter steht am Fenster im Biologie-Raum.
Er schaut der Klasse zu, draußen auf dem Schulhof.
Es ist wirklich eine nette Klasse, denkt er dankbar.
Was habe ich für ein Glück!

Keine Fähre

Peter und Kim holen ihre Fahrräder
aus dem Schuppen.
Sie fahren immer zusammen.
Beide wohnen ziemlich weit weg von der Schule.
Sie müssen fast eine Stunde radeln.

„Ich hoffe, wir müssen nicht so lange
auf die Fähre warten“, sagt Kim.
„Sonst verpasse ich *Zeit der Sehnsucht*.“
Peter lacht. „Diese dumme Soap“, sagt er.
„Da stimmt einfach gar nichts.
In der einen Folge stirbt jemand. Und in der
nächsten Folge läuft er wieder fröhlich umher.“

„Ha“, sagt Kim. „Also guckst du die Serie auch.
Sonst könntest du das nicht wissen.“

Peter schaut verlegen.
„Ich hab das zufällig zweimal gesehen“, murmelt er.

„Ja, schon gut. Zufällig weiß ich:
Soaps können süchtig machen.

Wenn man einmal damit anfängt,
kann man nicht mehr aufhören.
Selbst meine Mutter guckt diese Soap."

Peter und Kim kommen am Fluss an.
Aber die Fähre ist nicht zu sehen.
„Was ist denn jetzt schon wieder?", stöhnt Kim.
„Heute Morgen lief doch alles wie gewohnt."

„Vielleicht ist sie kaputt", sagt Peter.
„Dann müssen wir bis zur nächsten Brücke fahren."
„Das war es wohl mit *Zeit der Sehnsucht*", sagt Kim.

Es kommen immer mehr Radfahrer.
Alle wollen mit der Fähre übersetzen.
Alle sind sauer, dass die Fähre nicht da ist.
Sie schauen nach links und nach rechts.
Sie starren in die Ferne.
„Nee, ich sehe keine *Hin und Her*", jammert Kim.

Als Kim die Fähre zum ersten Mal sah,
musste sie herzhaft lachen.
Das war vor ein paar Wochen.
Eigentlich gibt es an dieser Stelle eine Brücke

über den Fluss. Aber dann wurde die Brücke baufällig und musste repariert werden. Auf einem großen gelben Schild stand: Die Reparatur wird ein halbes Jahr dauern. Autofahrer müssen in dieser Zeit einen Umweg über die nächste Brücke machen. Aber für Radfahrer wurde eine Fähre eingesetzt. Mit dem schönen Namen *Hin und Her.*

„Ich habe genug von dem Hin und Her mit dem dummen Boot", sagt ein Mann. „Mal fährt das Boot, dann wieder nicht."

„Wenn wir rübermüssen, ist die Fähre eigentlich immer da", sagt Peter erstaunt.

„Ja, klar", sagt der Mann. „Man hat das Boot ja auch extra für euch Schülerinnen und Schüler angemietet. Vor und nach der Schule fährt die Fähre. Aber dazwischen ..."

Der Mann schüttelt den Kopf und radelt weg. Auf zur nächsten Brücke.

Warten

„Da kommt sie!“, ruft ein Mädchen.
Sie zeigt in die Ferne.
Kim starrt dorthin, aber sie sieht nicht viel.
„Siehst du was?“, fragt sie Peter.

Der nickt. „Ich kann den Namen nicht lesen.
Aber es ist wohl die Fähre.
Kannst du sie nicht sehen?“

Kim schüttelt den Kopf.
„Ich habe fast so schlechte Augen wie Walter.“

Peter schaut sie an.
„Deine Augen sind viel schöner als die von Walter“,
sagt er. „Was für lange Wimpern du hast!
Das ist mir noch gar nicht aufgefallen.“

„Ich finde sie aber lästig.
Sie sind immer eingeklemmt.“
Kim zwinkert mit den Augen.
Ihre Wimpern berühren das Glas von der Brille.
Peter muss laut lachen.

„Sie ist nicht gerade ein Rennboot, die *Hin und Her*“, sagt Peter. „Es dauert also noch, bis sie hier ist. Wir können uns noch eine Weile hinsetzen.“

Kim und Peter setzen sich nebeneinander ins Gras.
Es ist wunderbar warm.
Es ist nicht schlimm, dass sie warten müssen.

„Was wirst du aufschreiben?“, fragt Peter.
Kim versteht sofort, was er meint.
Sie sollen etwas über Mobbing aufschreiben, für Walter.

„Menschen werden gemobbt, weil sie einen wunden Punkt haben“, hatte Walter gesagt.
Er hatte auch ein Beispiel gegeben:
„Mein wunder Punkt ist mein Körper.
Ich bin dick, ich bin unbeholfen.
Und ich habe schlechte Augen.
Deswegen wurde ich gemobbt.
Überlegt einmal, welchen wunden Punkt ihr habt.“

„Ich bin auch dick und unbeholfen.
Und ich habe auch schlechte Augen“, sagt Kim.

„Quatsch!“ Peter schaut sie entrüstet an.
„Das ist überhaupt nicht wahr.“

„Doch“, sagt Kim. „Ich ziehe nie kurze Pullis an.
Ich trage keine kurzen Röcke.
Was denkst du wohl, warum nicht?“

Peter schaut Kim an. Sie ist nicht besonders schlank,
aber dick ... Das ist doch Unsinn.

„Und ich gehe nicht gern zum Sport.
Da lachen mich alle aus“, erzählt Kim weiter.

Peter nickt. Das stimmt allerdings.
Das hat er selber schon mitbekommen.
„Aber dafür schwimmst du sehr gut“, sagt er.

„Ja, aber da kommen meine schlechten Augen
ins Spiel“, sagt Kim. „Ich finde schwimmen herrlich.
Aber es geht nicht gut mit einer Brille.
Und mit Kontaktlinsen klappt es auch nicht.
Wenn ich untertauche, verliere ich sie.
Ohne Brille sehe ich fast nichts.
Im Schwimmbad fühle ich mich verloren.“

„Ich dachte, du würdest schreiben:
Ich wurde adoptiert“, sagt Peter.

Kim blickt ihn überrascht an.
„Das ist doch kein wunder Punkt“, sagt sie.

„Für mich ist das ein seltsames Gefühl:
Du kennst deinen eigenen Vater und
deine eigene Mutter nicht“, sagt Peter.

Kim denkt kurz nach. Dann schüttelt sie den Kopf.
„Ich habe kein Problem damit“, sagt sie dann.

„Und wenn jemand Findelkind zu dir sagt?“

„Das macht mir nichts aus“, antwortet sie lachend.
Dann springt sie auf.
„Die *Hin und Her* ist da!“, ruft sie.

Peters wunder Punkt

Es wird voll auf der *Hin und Her.*
Peter und Kim kriegen gerade noch einen Platz.
„Wir waren verdammt noch mal die Ersten hier",
schimpft Kim.
Der junge Mann, der das Boot steuert, lächelt sie an.
„Warum bist du so weit weggefahren?",
fragt Kim ihn.

„Ein Hund ist von einem Lastkahn gefallen",
antwortet er. „Der Kapitän hat es nicht bemerkt.
Ich habe den Hund aus dem Wasser gefischt.
Es waren gerade keine Radfahrer da.
Also habe ich gedacht:
Ich fahre dem Lastkahn hinterher.
Aber das war gar nicht so einfach.
So ein Lastkahn ist halt doch schneller als
meine kleine Fähre. Drei Brücken weiter
musste der Lastkahn zum Glück warten.
Sonst hätte ich ihn nie eingeholt."

„Ach", sagt Kim.
„Da war der Kapitän sicher froh."

Der junge Steuermann nickt.
„Vor allem der Hund hat sich gefreut", sagt er lachend.
Dann kommen sie am anderen Ufer an.

„Was wirst du schreiben?",
fragt Kim, als sie weiterradeln.

Peter schaut in die Ferne.
Soll er es Kim sagen oder nicht?
„Ich weiß es noch nicht", sagt er zögernd.

„Aber du hast eine Idee?", fragt Kim.
Peter nickt. „Ja, das schon.
Aber, äh ... es ist etwas schwierig.
Ich möchte schon darüber sprechen,
was mein wunder Punkt ist.
Ich glaube, das täte mir gut.
Aber, äh ... ich habe Angst,
dass die anderen mich dann mobben."

„Hä?" Kim begreift gar nichts.

Peter seufzt. „Gut, ich erzähle es dir.
Es verletzt mich, wenn mich jemand schwul nennt."

„Oh“, sagt Kim. Sie denkt kurz nach.
Ja, manchmal sagt jemand „Schwuler“
oder „Tunte“ zu Peter.
Zum Beispiel damals,
als er seine Haare blond gefärbt hat.
Und als er die schöne Leder-Hose gekauft hat.
„Aber das meint doch niemand so“, sagt Kim.
„Das sind doch nur dumme Sprüche.“

„Das ist es ja gerade.“
Kim begreift immer noch nichts.
„Wie meinst du das?“, fragt sie.
Peter seufzt. Er schaut Kim an.
„Sie haben recht“, sagt er dann.
„Ich verliebe mich nicht in Mädchen.
Ich mag Jungs. Ich bin schwul.“

Kim fällt vor Schreck fast von ihrem Rad.
„Das meinst du nicht ernst“, sagt sie.

„Doch“, sagt Peter. „Ich meine es ernst.“

Arme Kim

Kim sitzt mit einer Tasse Tee vor dem Fernseher.
Zeit der Sehnsucht läuft.
Sie schaut auf den Bildschirm.
Aber eigentlich sieht sie nichts.
Sie denkt an Peter.
Und daran, was er ihr gesagt hat.

„Na, so etwas“, sagt ihre Mutter.
„Die Marlena benimmt sich aber eigenartig.“

„Was?“ Kim schreckt hoch.
Ihre Mutter zeigt zum Fernseher.
Eine schöne blonde Frau schwebt
ungefähr einen Meter über ihrem Bett.
Kim fängt an zu lachen.
„Was macht Marlena da? Das ist seltsam“, sagt sie.

„Ja, das meine ich doch gerade“, sagt Kims Mutter.
„Wo bist du denn mit deinen Gedanken?
Jedenfalls nicht bei *Zeit der Sehnsucht*.“
„Nee“, sagt Kim mit einem Seufzer.
Der Abspann läuft, und Kim schaltet ab.

Und jetzt? Ihre Hausaufgaben erledigen?
Das klappt gerade auch nicht so gut.
Immer wieder schweifen ihre Gedanken zu Peter.
Wie dumm, dass sie darüber nie nachgedacht hat.
Seit zwei Jahren radeln sie gemeinsam zur Schule.
Oft machen sie zusammen Hausaufgaben
und fragen sich gegenseitig ab.
Manchmal gehen sie auch ins Kino
oder zusammen tanzen.

„Kim und Peter sind verliebt."
Das sagen die anderen in der Schule oft.
Peter muss darüber immer lachen.
„Kim ist etwas ganz Besonderes", sagt er zu allen.

Nun begreift Kim.
Sie hat immer gedacht, Peter sei schüchtern.
Dass er sich nicht traut zu fragen,
ob sie seine Freundin sein möchte.
Aber er ist nie in sie verliebt gewesen.
Sie war einfach nur eine Freundin für ihn.

Eine Fahrrad-Freundin.
Eine Hausaufgaben-Freundin.

Eine Tanz-Freundin.
Aber eben nicht *seine* Freundin.

Kim seufzt tief.
Das hab ich mal wieder davon, denkt sie.
Bin ich mal verliebt, dann ist er schwul.
So ein Mist. Ich bin echt arm dran.

Kim legt sich auf ihr Bett.
Sie stellt sich vor, zu schweben wie Marlena.
Aber sie fühlt sich richtig schwer.
Schwer und niedergedrückt von ihren Gefühlen.
Ich Arme, denkt Kim wieder.
Ich Arme, ich fühle mich so elend.

Armer Peter

„He, du Träumsuse!"
Kims Mutter streckt den Kopf zur Tür herein.
Kim schreckt hoch.
„Gleich gibt es Abendessen", sagt ihre Mutter.
Kim setzt sich aufrecht hin.
„Ich bin wohl eingeschlafen", überlegt sie erstaunt.

„Zum Glück schwebst du nicht über deinem Bett",
sagt ihre Mutter lachend.
„Komm, wir wollen essen!"

Kim hat kaum Appetit.
„Was ist denn los mit dir?", fragt ihr Vater.
„Du bist doch sonst immer verrückt auf Spaghetti.
Bist du etwa verliebt oder so?"

Kim streckt ihm die Zunge raus.
„Ich verliebe mich immer in die verkehrten Männer",
sagt sie dann mit einem Seufzer.
Alle lachen.
„Du sprichst wie eine Frau mit viel Erfahrung",
sagt ihr Vater. „Nicht wie eine 15-Jährige."

„Aber es ist doch so“, sagt Kim.
„Früher wollte ich dich heiraten.
Das war ja wohl Blödsinn, oder etwa nicht?
Danach verliebte ich mich in meinen Mathe-Lehrer.
Das war auch nichts. Und nun …“

Alle schauen Kim voller Erwartung an.
Kim holt tief Luft.
„Der Junge, in den ich verliebt bin, ist schwul.“
Kims Eltern schauen einander erstaunt an.
Kims Schwester verschluckt sich fast
an den Spaghetti.

„Peter?“, fragt ihre Mutter leise.
Kim nickt.

„Ich dachte es mir schon“, sagt Kims Mutter dann.
„Was? Dass ich in ihn verliebt bin?
Oder dass er schwul ist?“
„Beides“, antwortet Kims Mutter. „Armer Peter.“

„Wieso, armer Peter“, ruft Kim wütend.
„Arme Kim, solltest du sagen.“
Aber Kims Mutter schüttelt den Kopf.

„Du wirst dich sicher wieder in jemand anderes verlieben“, sagt sie.
„Für dich ist es leicht.
Aber für Peter ist es schwieriger.
Es ist nicht üblich, dass ein Junge darüber spricht.
Seine Eltern werden vielleicht Schwierigkeiten damit haben. Es ist erst mal nicht leicht, damit umzugehen, wenn das eigene Kind schwul ist.
Andere Jungs werden ihn mobben.
Mädchen werden enttäuscht sein.
Das alles ist nicht einfach für ihn.
Er hat nicht darum gebeten, Kim.
Es passiert halt einfach.
Und er wird damit leben müssen.“

„Okay. Dann eben arme Kim *und* armer Peter“, sagt Kim.

Wütend

Am nächsten Morgen wartet Kim nicht auf Peter.
Sie radelt allein zur Fähre. Aber sie hat Pech.
Die Fähre ist gerade auf der anderen Seite.
Sie muss warten, bis die *Hin und Her* zurückkommt.
„He", sagt sie zum Steuermann von der Fähre.
„Schon wieder so spät!
Hast du noch mehr Hunde gerettet?"

Der junge Mann lacht und schüttelt den Kopf.
„Ich werde dich retten", sagt er.
„Wieso?", fragt Kim.
„Wenn ich mich jetzt nicht beeile,
kommst du zu spät zur Schule."
Ja, da hat der Steuermann allerdings recht.
Kim schiebt ihr Rad auf die Fähre.

Der Steuermann will gerade losfahren.
Da kommt Peter angeradelt.
„Wartet!", ruft Peter. „Ich möchte auch noch mit."
Keuchend fährt er auf die Fähre.
„Warum hast du heute nicht auf mich gewartet?",
fragt er Kim. „Das machst du doch sonst immer."

Kim zieht die Schultern hoch.
„Nur so", murmelt sie. Sie guckt Peter nicht an.
Peter schaut sie überrascht an.
Aber er sagt nichts.

„Einen schönen Tag in der Schule",
wünscht der Steuermann von der *Hin und Her*.
„Dir auch einen schönen Tag", sagt Kim
und verlässt die Fähre.
Zusammen mit Peter radelt sie los.

„Was ist mit dir?", fragt Peter.
„Bin ich nicht mehr dein Freund?"
„Doch, schon", antwortet Kim.
„Aber ein anderer Freund."
„Sei nicht so albern", sagt Peter verärgert.
„Es hat sich nichts geändert."

Kim hat Tränen in ihren Augen.
„Das denkst du", schluchzt sie.
„Für mich hat sich alles geändert."
„Stopp", sagt Peter.
Er packt den Lenker von Kims Fahrrad.
Das Rad schlingert.

Beinahe wäre Kim hingefallen.
„Du Trottel“, ruft sie wütend.

„Entschuldigung“, sagt Peter.
„Ich wollte nicht, dass du hinfällst.
Aber wir müssen mal miteinander reden.
Das ist doch blöd, Kim. Was hab ich getan?“

„Ich will auf keinen Fall mit dir darüber sprechen!“,
schreit Kim. „Lass mich los.
Ich will rechtzeitig zur Schule kommen.“

Aber Peter lässt nicht los.
„Wir müssen reden“, sagt er noch einmal.
„Das ist jetzt wichtiger als pünktlich zu sein.“

Kim seufzt.
Wäre Peter doch wütend geworden.
Dann hätte sie einfach mit ihm streiten können.
Und ihn dann links liegenlassen.
Aber Peter ist ganz ruhig geblieben.
„Komm, wir gehen was trinken“, sagt er.

Schule schwänzen

Kim und Peter sitzen im Café am Fluss.
Sie haben sich einen Platz am Fenster ausgesucht.
So können sie die *Hin und Her* beobachten.
Peter hat Cappuccino bestellt.
Der ist hier echt lecker.

„Und jetzt erzähl mal, was los ist", sagt Peter.
Kim schaut aus dem Fenster.
Sie mag Peter nicht anschauen.
Das vorhin, das war natürlich nicht nett von ihr.
Jeden Morgen warten sie aufeinander.
Und nun, zum ersten Mal seit zwei Jahren,
ist sie einfach alleine losgeradelt.

„Ist es wegen dem, was ich dir erzählt habe?",
fragt Peter.
Kim nickt.
„Das hätte ich nicht von dir erwartet",
sagt Peter traurig. „Wir sind doch Freunde ..."

Kim fühlt sich schlecht.
„Du verstehst das falsch", sagt sie.

„Es macht mir überhaupt nichts aus,
ob jemand schwul ist oder nicht.
Aber bei dir macht es mir etwas aus. Ich, äh ..."

Sie schaut angestrengt in ihre leere Kaffeetasse.
Was ist jetzt schlimmer?
Peter so traurig zu sehen?
Oder ihre Gefühle offen auszusprechen?
„Ich hatte gehofft, dass du in mich verliebt bist",
sagt sie schließlich leise.

Peter verdreht die Augen.
„Soll ich mir jetzt was darauf einbilden?",
fragt er spöttisch.
„Jetzt krieg dich aber mal ein", meint Kim empört.

Peter nimmt ihre Hand. „Entschuldigung", sagt er.
„Falls ich auf Mädchen stehen sollte, Kim, wirklich ...
dann wärst du die Richtige.
Ich finde, du bist das schönste Mädchen
auf der ganzen Welt. Und das netteste sowieso."

„Davon habe ich nur überhaupt nichts", sagt sie.
Aber sie muss nun doch lachen.

„Ich habe Angst davor, es anderen zu erzählen“,
sagt Peter.
„Ich habe Angst, dass sie mich plötzlich
anders ansehen werden.
Ich habe Angst, dass sie nichts mehr
mit mir zu tun haben wollen.
Aber ich werde es doch irgendwann erzählen
müssen. Meinen Eltern. Meinen Freunden.“

„Wissen deine Eltern es noch nicht?“,
fragt Kim erstaunt.
„Nee“, sagt Peter. „Du bist die Erste, der ich es sage.“

Kim ist ein bisschen stolz.
„Ehrlich?“, fragt sie.

„Darum wollte ich mit dir reden, verstehst du?
Ich dachte: Kim ist meine beste Freundin.
Ihr werde ich es erzählen.
Wenn Kim mich nicht versteht – dann kann ich es
niemandem sagen.“

Kim nickt. „Entschuldigung“, sagt sie.
„Ich habe nur an mich selbst gedacht.

Aber für dich ist es viel schwieriger.
Das sehe ich jetzt."

Peter schaut sie dankbar an.
„Ich finde es echt schade, Kim", sagt er.
„Ich wäre sehr gern in dich verliebt."
Da schießen Kim dann doch nochmal
Tränen in die Augen.
Ach, es ist doch wirklich zu blöd!

„Müsst ihr nicht in die Schule?", wundert sich
der Chef von dem Café.
Er kommt an den Tisch, um die Tassen abzuräumen.
„Es ist schon fast neun Uhr."

„Nee", antwortet Kim und grinst.
„Wir schwänzen."
Aber sie stehen dann doch auf,
um zur Schule zu fahren.

Ein guter Vertrag

Walter ist überrascht, als Kim und Peter
doch noch im Unterricht auftauchen.
Die beiden sind sehr spät dran.
Die zweite Stunde ist schon fast vorbei.
„War die Fähre kaputt?", fragt Walter.
Peter schüttelt den Kopf.
„Wir mussten mal miteinander reden", sagt er.
„Oh", sagt Walter. Er fragt nicht weiter nach.
Dann geht die Schulklingel.
„Beim nächsten Mal sind Kim und Peter an der
Reihe!", ruft Walter über den Lärm hinweg.
„Dann sollen sie uns etwas über sich erzählen.
Und danach den Vertrag unterschreiben."
Die Mädchen und Jungen verlassen den Raum.

In der Pause reden alle aufgeregt über
den Vertrag gegen Mobbing.
Jakob hat ihn aufgeschrieben.
Es war zuerst nur ein sehr kurzer Vertrag.
Manche fanden den Vertrag zu kurz.
Sie wollten, dass mehr darin aufgelistet wird.
Was Mobbing überhaupt ist.

Dass niemand Witze machen soll,
die jemanden kränken.
Darüber haben alle miteinander gesprochen.

Nun ist der Vertrag länger. Und besser.
Alle, die den Vertrag unterschrieben haben,
sollten etwas über Mobbing erzählen.
Und alle sollten den Mut haben,
über ihren wunden Punkt zu reden.
Manchen fiel das leichter als anderen.
Jamila hat erzählt, dass sie es schrecklich findet,
wenn jemand sie *Tüchlein* nennt.
Dass das vielleicht gar kein Mobbing ist.
Weil es als Spaß gemeint ist.
Aber sie selber findet es gemein.

Walter dachte noch über Jamilas Worte nach.
Da sagte Jakob: „*Liebes Tüchlein* hört sich natürlich
nicht so schrecklich an wie *dummes Tüchlein.*“
Die ganze Klasse musste lachen.

Aber Walter war richtig ernst geworden.
„Das ist sehr gut, Jakob“, sagte er.
„Das ist genau das, worum es geht.

Es geht um die Bedeutung hinter den Worten.
Nicht um die Worte selbst.
Es ist wichtig, wie ich etwas meine.
Ich muss aber auch daran denken,
wie es beim anderen ankommt."

All das schwirrt in den Köpfen der Schüler herum.
Sie sind ganz begeistert von ihrem Vertrag.
„Wir müssen den Vertrag
den anderen Klassen zeigen", sagt Jakob.
„Alle sollen ihn unterschreiben.
Auch die Lehrer und Lehrerinnen."

„Lasst es uns zuerst in unserer eigenen Klasse
durchziehen", brummelt Peter.
„Ich denke, das ist schon schwierig genug."

Aber davon will Jakob nichts wissen.
„Es ist so eine tolle Idee", sagt er.
„Und wir sollten dem Schulamt davon berichten."

Alle lachen. Verrückter Jakob.
Er übertreibt immer gleich.
Dann läutet die Glocke, sie müssen wieder rein.

„Was wirst du tun?“, fragt Kim auf dem Weg ins Klassen-Zimmer.

„Was meinst du?“, fragt Peter.

„Sagst du es der ganzen Klasse?“

„Ich weiß es noch nicht“, antwortet Peter. „Wenn ich mich traue, dann schon.“

„Ich werde dir helfen“, verspricht Kim.

Unterricht ohne Lehrer

Aber am nächsten Tag ist Walter nicht da.
„Herr Sand ist krank“, sagt der Direktor.
„Was hat er denn?“, fragt Jakob.
„Das braucht ihr nicht zu wissen“,
erwidert der Direktor.
„Wann kommt er denn wieder?“, fragt Kim.
„Das weiß ich nicht“, antwortet der Direktor.
Und er verlässt den Raum.

„Wenn er mal bloß nicht wieder überdreht ist“,
sagt Jamila.
„Das glaube ich nicht“, sagt Peter.
„Er wird hier doch nicht gemobbt. Oder?“

„Vielleicht erhält er wieder so merkwürdige Anrufe“,
sagt Kim. „Von der vorigen Schule.
Vielleicht kann er wieder nicht schlafen.“

Peter zieht die Schultern hoch.
„Vielleicht, vielleicht“, sagt er.
„Wir wissen es eben nicht.
Vielleicht hat er sich auch das Bein gebrochen.“

„Sollen wir ihn mal anrufen?“, fragt Jakob.
Alle finden: Das ist eine gute Idee.
Jakob schnappt sich sein Smartphone.
Er wählt Walters Nummer.

„Ja, hallo. Walter Sand.“ Walter klingt erkältet.
„Oh, ich höre es schon“, sagt Jakob.
„Du bist erkältet.“

Walter bekommt einen Lachanfall.
Sofort muss er husten.
„Ich habe Heuschnupfen.
Ich bin allergisch gegen Pollen“, sagt er.
„Findet mal raus, was das bedeutet.
Dabei könnt ihr etwas lernen.“

„Okay“, sagt Jakob. „Wir warten mit dem Vertrag,
bis es dir besser geht.“
„Gut“, sagt Walter. „Ich werde mein Bestes tun,
um schnell wieder fit zu sein.
Von Freistunden werdet ihr nur träge.“

„Ganz und gar nicht!“, ruft Jakob empört.
„Wir haben große Pläne für den Vertrag.

pollen = stuifmeel

Aber das erfährst du, sobald du zurück bist.
Gute Besserung, Walter. Von uns allen."

„Wir sollen herausfinden, was Walter hat.
Er ist allergisch gegen Pollen", sagt Jakob.
„Darüber steht etwas im Biologie-Buch",
sagt Jamila. „Ich habe es zufällig gelesen,
irgendwo in dem Buch."

Kurze Zeit später sind sie schon schwer beschäftigt.
Kim schreibt in schönen Buchstaben an die Tafel:
Pollen = Blütenstaub.
Als der Direktor die Klasse betritt, ist er überrascht.

„Ihr habt doch eine Freistunde?", fragt er.
Aber die Jugendlichen schütteln die Köpfe.
„Wir haben wie gewohnt Biologie", sagt Jamila.
„Nur ohne Lehrer."
Verwundert verlässt der Direktor den Raum.
„Das habe ich ja noch nie erlebt", murmelt er.

Am Ende der Stunde steht eine Hausaufgabe
über Pollen an der Tafel.
Eine Aufgabe, die die Klasse sich überlegt hat.

Klein und dick

„Wie ist eigentlich dein neuer Klassenlehrer?“, fragt Kims Mutter.
„Nett“, sagt Kim mit vollem Mund.
„Aber im Moment ist er krank.“
Sie läuft mit zwei Brötchen in der Hand durchs Zimmer.
Sie nimmt noch einen Bissen, während sie die Sitzbank ansteuert.
Mit einem Plumps setzt sie sich hin.
Kater Peer schreckt hoch.
Er hatte gemütlich auf der Bank geschlafen.
Nun springt er mit einem eleganten Satz von der Bank.
Darüber erschrickt nun Kim wieder.
Eins von ihren Brötchen fällt auf den Boden.
Rasch läuft der Kater darauf zu.
Es ist ein Fisch-Brötchen. So etwas liebt er.
Er schnappt sich das Brötchen und rennt damit weg.

„Frecher Kater“, meckert Kim. „Du Dieb!“
„Das ist doch nur gerecht“, sagt Kims Mutter.
„Du hast Peer erschreckt. Nun rächt er sich.“

Kim schaut zu Peer hinüber.
Er hat sich auf die Fensterbank gesetzt und frisst.
Peer sieht aus wie eine Birne.

Für einen Kater hat er eine seltsame Form.
Er hat ein kleines Köpfchen und
einen enorm dicken Leib.
„Das Fisch-Brötchen macht dich nur noch dicker“,
sagt Kim zu Peer.
„Das war nicht nett. Einfach mein leckeres
Brötchen zu stehlen. Blöder Kater.“

Kims Mutter prustet los.
Da muss auch Kim lachen.
„Nun ja“, sagt sie.
„Soll Peer das Brötchen ruhig auffressen.
Dann werde wenigstens ich davon nicht dick.“

Kims Mutter schüttelt ihren Kopf.
„Du bist nicht dick“, sagt sie.
„Doch“, beharrt Kim.
„Fast alle Mädchen aus meiner Klasse sind schlanker.
Nur Margo nicht. Die ist fast so dick wie ich.
Aber das kommt von ihrer Krankheit.“

„Margo ist viel dicker als du“, sagt Kims Mutter.
„Sei doch mal mit dir selbst zufrieden.
Du siehst ganz toll aus.“
„Ich bin zu klein“, sagt Kim. „Klein und dick.“

Kims Mutter seufzt.
„Ich wiederhole es jetzt nur noch einmal“,
sagt sie zu Kim.
„Die Mädchen in Kolumbien sind viel kleiner
als deutsche Mädchen. Und meistens auch dicker.
So ist das nun mal. Du bist da geboren.
Deine richtige Mutter war bestimmt auch klein.
Das Lustige ist: Du bist ganz schön groß
für eine Kolumbianerin.“

„Aber zu klein für eine Deutsche“, nörgelt Kim.
„Und dick.“

„Ich gebe auf“, stöhnt ihre Mutter.
„Ich gehe mir ein Brötchen schmieren, mit Fisch.“
„Mach mir auch eins!“, ruft Kim.

Kleiner Ausflug

„Wie lange dauert so ein Heuschnupfen eigentlich?“, fragt Jamila.
„Das steht nicht im Biologie-Buch.“
Walter ist auch heute nicht da.
Die Hausaufgabe steht immer noch an der Tafel.
„Wir können ihn ja noch einmal anrufen“, sagt Jakob und holt sein Smartphone raus.

Aber da betritt der Direktor den Raum.
„Ihr sollt euch so eine gute Hausaufgabe ausgedacht haben. Das habe ich von mehreren Eltern gehört“, sagt er und schaut fragend in die Runde.

Die Schüler nicken stolz und zeigen auf die Tafel.
Der Direktor liest die Aufgabe durch.
Als er fertig ist, dreht er sich zu den Schülern um.
„Das finde ich großartig“, sagt er.
„Nun verstehe ich, was Herr Sand über euch erzählt …“

„Wann wird Walter wieder zum Unterricht kommen?“, fragt Jakob.

„Das ist schwer zu sagen“, antwortet der Direktor. „Versucht mal, es euch selbst zu erklären. Schaut euch noch einmal eure Aufgabe an.“

„Nein“, sagt Jamila. „Wir verstehen es nicht.“
„Solange Pollen in der Luft sind, ist Herr Sand krank“, erklärt der Direktor.
„Aber was nutzt es, wenn er zu Hause bleibt?“, überlegt Jakob laut.
Der Direktor erklärt: „Zu Hause ist Walter weniger belastet. Denn bei ihm zu Hause fliegen keine Pollen in der Luft herum. Er muss in dieser Zeit die Fenster geschlossen halten.“

„Ich weiß was“, sagt Kim plötzlich.
„Wenn Walter nicht hier sein kann,
gehen wir zu ihm nach Hause. Geht das?“
Sie sieht den Direktor flehend an.
„Ich weiß nicht so recht“, zögert der.
Nun bemühen sich auch die anderen Jugendlichen.
Aus allen Ecken wird gerufen.
„Bitte, bitte.“
„Sagen Sie ja.“
„Es ist doch auch nicht so weit weg.“

Der Direktor schmunzelt.
„Na gut“, sagt er schließlich.
Alle packen ihre Sachen ein.
Die Ersten wollen gerade die Klasse verlassen.

„Wartet kurz!“, ruft der Direktor.
„Ihr dürft bis zur großen Pause bleiben.
Aber dann müsst ihr zurückkommen.
Und achtet darauf, dass ihr pünktlich
wieder hier seid.“

Das versprechen sie sofort.
Wie schön, dass sie Walter besuchen dürfen.
Und das sogar während der Schulzeit.

Bei Walter zu Hause

Walter steht vor dem Fenster.
Er ist nicht überrascht, als seine Klasse
vor der Tür steht.
Er wusste schon, dass die Jungen und Mädchen
kommen. Der Direktor hatte ihn gleich angerufen.
Der Direktor hat ihm auch von der Aufgabe erzählt.
Walter ist richtig stolz auf seine Klasse.

Walter öffnet die Tür:
„Kommt rein. Ich habe Kaffee gekocht."
Kurze Zeit später sitzen alle bei Walter im Zimmer.
Es ist sehr gemütlich hier.
Alle erzählen durcheinander. Von ihrer Aufgabe.
Und was sie sonst so treiben,
solange Walter nicht da ist.
Dann ruft Walter über den Lärm:
„Hört alle mal gut zu." Sofort sind sie ruhig.

„Wir sollten weiter an unserem Vertrag
gegen Mobbing arbeiten.
Das können wir prima hier machen.
Nicht heute, aber wenn ihr wiederkommt."

Walter muss niesen.
„Ihr habt Pollen mitgebracht“, sagt er lachend.

„Nächstes Mal sollten wir unsere Jacken
draußen ausklopfen“, sagt Kim.
Walter nickt. „Das kann helfen.
Ihr habt euch wirklich gut informiert!“

„Wie machen wir es beim nächsten Mal?“,
fragt Jakob.
Walter überlegt: „Ihr kommt am besten
in einer Doppelstunde vor der Pause.
Genau wie heute. Dann habt ihr genug Zeit,
um rechtzeitig wieder in der Schule zu sein.“

Walter hat auch das schon mit dem Direktor
abgesprochen.
Der Direktor findet es auch gut.
Wo gibt es das schon, dass Schüler freiwillig zu
ihrem Lehrer gehen, um sich unterrichten zu lassen?

Kim schaut Peter an.
Sie sind nächstes Mal an der Reihe.
Dann sollen sie den Vertrag unterschreiben.

Und etwas über ihren wunden Punkt erzählen, und über ihre Erfahrung mit Mobbing.
Hier im Wohnzimmer traut Peter sich vielleicht, seinen wunden Punkt auszusprechen.
Hier ist es so gemütlich. Anders als in der Schule.
Peter lächelt Kim an.
Er weiß, was sie denkt.

„So, jetzt aber zurück zur Schule“, sagt Walter.
Die Schüler stehen auf und schnappen sich ihre Jacken.
„Was für ein schönes Foto“, sagt Jamila.
Sie zeigt an die Wand.
Da hängt ein Foto von Walter mit einer jungen Frau.
Die beiden halten sich im Arm und schauen lachend in die Kamera.
„Das bin ich mit meiner Frau“, seufzt Walter.
„Beim nächsten Mal werde ich euch von ihr erzählen.“

Peter bleibt Peter

Die Schüler sitzen wieder bei Walter zu Hause,
im Wohnzimmer.
Sie sind mucksmäuschenstill,
denn Walter erzählt von seiner Frau.
„Sie konnte das Mobben nicht mehr aushalten“,
sagt er traurig.
„Die gemeinen Anrufe hörten nicht auf.
Wir haben eine geheime Nummer erhalten.
Dann blieb es kurze Zeit ruhig.
Aber nach einer Weile fing es mit den Anrufen
wieder von vorne an.
Meine Frau bekam Angst.
Und ich konnte sie nicht beruhigen.
Eines Tages war mein Auto zerkratzt.
Am nächsten Tag lag Kacke vor der Tür.
Da ist meine Frau zu ihren Eltern gezogen.“

„Sie kann doch jetzt zurückkommen“, sagt Jamila.
„Nun ist doch alles in Ordnung, oder nicht?“
Aber Walter schüttelt den Kopf.
„Sie denkt, dass es an mir liegt.
Sie sagt, man wird mich immer mobben.

Früher, als ich selbst noch Schüler war,
war es richtig schlimm.
Meine Mitschüler drückten mich unter Wasser,
weil ich dick war.
Du wirst schon nach oben treiben, sagten sie.
Sie schlossen mich in ein Gewächshaus ein.
Sie wussten, dass ich allergisch bin.
Mal sehen, ob du wirklich niesen musst, sagten sie.
All das hatte ich meiner Frau erzählt.

Und dann ging es weiter mit dem Mobbing.
Obwohl ich erwachsen war.
Und ich war wieder nicht stark genug,
um mich zu wehren. Ich war schwach und ängstlich.
Und ich wurde krank.
Da wollte meine Frau nicht mehr
mit mir zusammen sein.
Sie hatte Angst, dass ich immer wieder
gemobbt werde.
Und dass das später unseren Kindern
auch passieren könnte."

In der Klasse ist es total still geworden.
Die Jugendlichen wissen nicht, was sie sagen sollen.

„Ja", seufzt Walter.
„Mobben kann richtig schlimm sein.
Und es beginnt oft mit einem kleinen Scherz."

„Ich werde den Vertrag unterschreiben",
meint Peter. „Ich werde etwas
über meinen wunden Punkt erzählen.
Über meine Angst, gemobbt zu werden."

Peter schaut kurz zu Kim.
Sie nickt ihm zu.
Und dann erzählt Peter.
Dass er schwul ist. Dass er das nicht schlimm findet.
Aber dass er Angst davor hat,
dass die anderen das schlimm finden.
„Ich habe es bis jetzt nur Kim erzählt", sagt Peter.
„Und nun wisst ihr es auch.
Ich hoffe, dass ihr mich nicht mobben werdet.
Ihr habt schon mal Tunte zu mir gesagt,
oder Schwuler.
Das war bestimmt ein Scherz.
Ihr habt ja nicht einmal gewusst,
dass ihr damit die Wahrheit aussprecht.
Aber schön fand ich das nicht."

Wieder ist es ganz still in der Klasse.
Die Schülerinnen und Schüler bekommen heute viel zu hören.
Vieles, worüber sie nachdenken müssen.

Jakob ist der erste, der etwas sagt.
„Wie findet Kim das eigentlich?“, fragt er.
Kim wird rot.
„Peter bleibt Peter“, sagt sie dann.

Zufrieden mit sich selbst

Alle haben mittlerweile den Vertrag unterschrieben.
Und alle haben etwas
über ihren wunden Punkt erzählt.
Sie wissen nun sehr viel voneinander.
Das ist sehr schön so.
Sie sind sich viel vertrauter geworden.
Und sie können sich besser verstehen.

Über so viele Dinge mussten sie nachdenken.
Margo findet es schrecklich, dick zu sein.
Sie hatte erzählt, dass sie wegen einer Krankheit
so rund geworden ist.
Und nicht, weil sie zu viel isst oder nascht.
Aber wenn sie mal in der Bäckerei ein Stück Kuchen
kauft, spürt sie die Blicke der Leute um sich.

Robin lebt nicht bei seinem Vater und seiner Mutter.
Die kümmern sich nicht um ihn.
Er findet das scheiße.
Er wohnt bei seiner Oma.
Die ist lieb, aber schon ganz schön alt und oft krank.
Robin kümmert sich um sie.

Seine Oma gehört eigentlich ins Altenheim.
Aber dann hätte Robin keinen Ort mehr,
wo er wohnen kann.

Jakob hat lange nachgedacht.
„Ich bin zufrieden mit mir selbst“, sagt er.

Alle lachen. Ja, das ist ja auch nicht schwer.
Jakobs Eltern sind reich.
Jakob bekommt alles, was er sich wünscht.
Es ist noch nicht lange her,
da hat er einen Roller bekommen.
Das war zu seinem sechzehnten Geburtstag.
Er hat ein teures Smartphone.
Er trägt immer tolle Klamotten.
Und er sieht auch noch gut aus: groß und blond.

„Dennoch hast auch du einen wunden Punkt“,
sagt Walter. „Denk mal drüber nach.“

Kim hat erzählt, dass sie adoptiert wurde.
Das wussten die anderen schon.
Aber sie erzählt, dass das gar nicht ihr Problem ist.
„Ich bin zu klein und zu dick“, sagt Kim.

„Außerdem habe ich schlechte Augen.
Und ich werde immer ausgelacht beim Sport,
weil ich so ungeschickt bin.
Ich wünschte, ich wäre wie Lea.
Die ist so schön groß und schlank.
Und so beweglich.“

Aber Lea sieht das ganz anders.
„Ich bin so dünn“, klagt Lea.
„Und meine Füße? Wie sehen die denn aus?
Größe 42! Das sind Männerfüße!
Ich sehe aus wie Tweety.
Und meine Haare sind ganz strohig.
Ich wünschte, ich hätte solche Haare wie Kim.
Und solche Füße wie sie.“

„Es ist schwer, zufrieden zu sein – so, wie man ist“,
sagt Walter. „Trotzdem sollte man es versuchen.
Manche Sachen kann man ändern.
Schlechte Augen kann man operieren.
Vielleicht gibt es bald ein Medikament,
dass Margo helfen kann.
Aber die großen Füße von Lea …“
Walter schaut das hübsche Mädchen besorgt an.

Dann kichert er los:
„Das ist natürlich das ernsthafteste Problem
von allen hier!“

Die Jugendlichen lachen.
Es ist richtig nett hier bei Walter zu Hause.
Da fällt es leicht, so offen zusammen zu reden.

Eine Überraschung

„Wir werden eine Survival-Tour machen,
eine Abenteuer-Reise."
Walter sieht die Klasse gespannt an.
Sie sind wieder in der Schule.
Walter geht es zum Glück besser.
Die Fragen der Schüler prasseln auf Walter ein.
Wie lange bleiben wir weg?
Wo werden wir schlafen?
Nehmen wir unsere Räder mit?
Fahren wir mit dem Bus?
Sind wir die einzige Klasse,
oder kommen noch andere mit?

Walter strahlt vor Begeisterung.
Die Kids sind ganz schön aufgeregt.
Das hat er auch erwartet.
Heute Morgen hatte er das Thema Klassenfahrt
angesprochen. Die Schüler dachten,
sie werden eine gewöhnliche Klassenfahrt machen.
Einen Ausflug für einen Tag.
Mit dem Bus in ein tolles Schwimmbad oder so.
Die neunten Klassen fahren sonst nie länger weg.

Die zehnten Klassen schon. Die zehnten Klassen fahren immer eine ganze Woche lang weg.
Nach Paris oder London oder Prag.
Die Schüler dürfen ihr Ziel auswählen.
Nie entscheiden sich alle aus einer Klasse für dieselbe Stadt. Die Gruppen werden dann aus allen Klassen zusammengestellt.
Das findet Walter schade.
Er möchte mit der gesamten Klasse etwas unternehmen.

„Warum funktioniert das, Walter?"
Jakob sieht ihn fragend an.
„Wie hast du das hingekriegt,
dass wir mehrere Tage wegfahren dürfen?"

„Tja", sagt Walter.
„Ich weiß nicht, ob ich euch das schon erzählen soll."

Die Schüler sind sofort still.
Walter erzählt ihnen doch sonst immer alles.
Oder fast alles.
Und nun will er nicht erzählen,
warum er die Survival-Tour organisiert hat?

Aber Walter lacht: „Das war ein Scherz."
Dann wird er ernst.
„Der Vertrag gegen Mobbing ist ein großer Erfolg", sagt er. „Ich habe ihn der Schul-Versammlung präsentiert. Alle waren begeistert.
Alle Klassenlehrer werden den Vertrag in ihren Klassen vorstellen.
Der Direktor meint, ihr habt einen Preis verdient.
Für die gute Idee.
Also habe ich diese Klassenfahrt vorgeschlagen."

Walter setzt seine dicke Brille ab und putzt sie.
Wird er jetzt weinen?, überlegt Kim.
Das könnte sie nicht gut ertragen.

„Das finde ich super, Walter", sagt Jakob.
„Ich wünschte, alle Lehrer wären so wie du."
„O je, so viele Klassenfahrten ...", überlegt Walter.
Alle lachen.

Gut organisiert

„Ist so eine Klassenfahrt teuer?“, fragt Robin leise.
Aber alle haben ihn gehört.
Walter nickt. „Billig ist es nicht.
Aber wir werden das Geld selbst verdienen“, sagt er.
„Wir werden gemeinsam arbeiten,
jeden Mittwochmorgen.“

Alle rufen wild durcheinander.
„Müssen wir dann nicht zur Schule?“
„Wie kann eine ganze Klasse denn
irgendwo arbeiten?“
„Was sollen wir machen?“
„Wie viel Geld werden wir verdienen?“

„Mal langsam“, sagt Walter.
„Ich werde euch alles erzählen,
aber nicht alles gleichzeitig.“
Und dann erklärt er seinen Plan:
Dass sie jeden Mittwoch früh aufstehen müssen.
Um sieben Uhr werden sie anfangen.
Eine Gruppe wird Regale im Supermarkt auffüllen,
in der Nähe der Schule.

Eine andere Gruppe wird im Altenheim arbeiten:
Zimmer saubermachen und in der Küche helfen.
Eine dritte Gruppe wird zur Post gehen:
Briefe sortieren.
Eine vierte Gruppe wird im Schwimmbad arbeiten:
Becken reinigen und beim Schwimm-Unterricht helfen.

„Dann möchte ich zur Post“, sagt Jakob.
„Und ich möchte beim Schwimm-Unterricht helfen“, sagt Kim.
„Nein, so geht das nicht“, sagt Walter.
„Ihr wechselt euch ab. Alle kommen mal zur Post.
Und alle gehen mal ins Altenheim.
Und in den Supermarkt. Und ins Schwimmbad.
Einige Arbeiten werdet ihr langweilig oder anstrengend finden, andere wiederum machen Spaß. So ist es nun mal. Aber ...“

Walter schaut geheimnisvoll.
„Ich konnte es so organisieren,
dass diese Arbeit als Praktikum zählt.
Ihr wisst sicher: In der neunten Klasse steht ein Arbeits-Praktikum auf dem Lehrplan.

Normalerweise suchen sich die Schüler selbst einen Praktikums-Platz.
Zum Beispiel in einem Geschäft oder in einem Büro.
Eine Woche lang.
Und danach muss jeder einen Bericht über die Arbeit schreiben.
Dafür bekommt man eine Note.
Ihr habt Glück. Diesmal braucht ihr nicht selbst einen Praktikums-Platz zu suchen.
Wir arbeiten gemeinsam für die Klassenfahrt.
Wir erstellen gemeinsam einen Praktikums-Bericht.
Ich weiß noch nicht genau, wie wir das tun.
Aber es wird bestimmt gut.
Und das Schöne ist:
Alle können mit auf die Klassenfahrt.
Eure Eltern müssen nichts bezahlen."

Die Jugendlichen schauen Walter voll Bewunderung an.
Was hat er sich doch alles einfallen lassen!
Wie konnten die Schüler der alten Schule nur so doof sein, einen so tollen Lehrer zu mobben!

Jakobs wunder Punkt

„Gibt es noch Fragen?"
Walter schaut in die Runde.
Jamila zeigt auf.
Sie sieht bedrückt aus.
„Ich darf nirgendwo anders schlafen", sagt sie.
„Meine Eltern erlauben das nicht."

Walter nickt.
„Gibt es noch andere, die zu Hause schlafen müssen oder wollen?", fragt er.
Vorsichtig streckt Jakob seinen Finger hoch.
Alle schauen ihn erstaunt an.
Von Jamila wussten sie das schon.
Aber Jakob ...?

Walter fragt nicht nach.
„Gut", sagt er.
„Ich werde dafür sorgen,
dass ihr jeden Abend nach Hause kommt.
Und jeden Morgen holt euch jemand wieder ab.
Okay?"
Jamila und Jakob nicken froh.

„Ich, äh ..." Jakob stottert herum.
Er bekommt einen roten Kopf.
„Ich will erzählen, warum ich nicht über Nacht bleiben kann", sagt er schließlich.

„Dann mal los", sagt Walter.

„Ich habe Heimweh. Schon immer.
Ich konnte noch nie bei einem Freund schlafen.
Oder bei meinen Großeltern übernachten.
Ich habe es öfter ausprobiert.
Aber es ging immer schief.
Mein Vater musste mich jedes Mal abholen.
Mitten in der Nacht.
Ich finde das total beknackt. Vor allem jetzt.
Ich finde es irre gut, zusammen zelten zu gehen.
Aber ich traue mich leider nicht.
Ich bin sechzehn.
Und nachts habe ich Angst wie ein Baby,
wenn ich nicht zu Hause bin."

„Ich bin froh, dass du uns das erzählst", sagt Walter.
„Jetzt kennen wir auch deinen wunden Punkt."
Jakob sieht betrübt aus.

„Ich schäme mich dafür", sagt er.
„Ich möchte das loswerden."

„So ist das immer mit wunden Punkten",
sagt Walter.

„Warum hast du vorher nichts gesagt?", fragt Kim.
Jakob sieht sie fragend an.
„Als du den Vertrag unterschrieben hast", sagt Kim.
Jakob wirkt bedrückt.
„Ich finde es so albern, das mit dem Heimweh.
Ich dachte, das braucht niemand zu wissen."

„Das war nicht ehrlich", meint Kim.
„Wir haben alle über unsere wunden Punkte
gesprochen. Das hättest du auch tun sollen."

„Du hast recht", sagt Jakob.
„Aber ich hatte Angst, dass ihr mich dann mobbt."

„Worum geht es in dem Vertrag noch mal?",
fragt Walter und verdreht übertrieben die Augen.
Jakob nickt verschämt.

Robin

Jakob und Robin stehen im Fahrrad-Schuppen.
Sie reden über die Klassenfahrt.
„Das wird so toll“, schwärmt Robin.
„Survival! Das klingt total spannend.“

Jakob nickt.
Er denkt auch, dass es toll wird.
Aber für Robin ist es etwas ganz Besonderes.
Robin ist noch nie in Urlaub gefahren.
„Was passiert mit deiner Oma,
solange du nicht da bist?“, fragt Jakob.

Robin macht ein betretenes Gesicht.
Ja, wie soll das gehen?
„Vielleicht kann ich für ein paar Tage vorkochen“,
meint er. „Oder die Nachbarn fragen.
Mir fällt schon was ein.“

Peter und Kim holen ihre Räder.
„Bis morgen“, rufen sie Jakob und Robin zu.
„Ja, ich hau auch ab“, sagt Jakob.
Er nimmt seinen Roller.

Robin schaut neidisch zu Jakob rüber.
„Willst du mitfahren?“, fragt Jakob.
„Dann bringe ich dich nach Hause.“

Aber Robin schüttelt den Kopf.
„Dann muss ich ja morgen zur Schule laufen“,
sagt er und schnappt sich sein Rad.

Auf dem Weg nach Hause denkt Robin nach.
Hoffentlich wird seine Oma nicht krank,
wenn sie auf Survival-Tour gehen.
Denn dann kann er natürlich nicht mit.
Und das fände er sehr schade.
Es ist so ein toller Plan von Walter.
Er hat wirklich an alles gedacht.
Niemand braucht etwas zu bezahlen.
Das hat er sich bestimmt für mich so ausgedacht,
denkt Robin. Weil wir so wenig Geld haben.
Und arbeiten gehen, das findet Robin auch okay.
Das Schwimmbad, die Post, der Supermarkt.
Alles echt super.
Nur das Altenheim, das ist nichts für ihn.
Er findet: sich jeden Tag um die Oma zu kümmern,
das ist mehr als genug.

Robin stellt sein Rad in den Keller vom Hochhaus.
Flink läuft er die Treppen nach oben.
Blöd, dass es hier keinen Aufzug gibt, denkt er.
Das wäre so viel einfacher für Oma.
Er ist so in Gedanken versunken,
dass er fast die Nachbarin umrennt.

„Entschuldigung“, sagt Robin verlegen.
„Ich war in Gedanken. Ich dachte gerade,
dass die Treppen hier so hoch sind.
Und dass das so schwierig ist für meine Oma.“

Die Nachbarin nickt.
„Ältere Menschen haben es hier nicht leicht“,
sagt sie.

Im Badeanzug

Walter hat die Klasse für die Arbeit
in Gruppen eingeteilt.
Kim soll am nächsten Mittwoch ins Schwimmbad.
Jamila auch.
„Muss ich dann im Badeanzug arbeiten?",
fragt Jamila.
Sie sitzen auf der kleinen Mauer vor der Schule.
Es ist Pause.
Walter hat sich zu den Mädchen gestellt.

„Das weiß ich nicht", sagt Walter.
„Es kommt darauf an, was du für eine Arbeit
machen sollst."
„Ich nehme meinen Badeanzug mal mit", sagt Kim.
„Vielleicht darf ich ja beim Schwimm-Unterricht
helfen. Das wäre voll gut."
„Ich fände das auch toll", sagt Jamila.
„Aber ich denke, meinem Vater wird es
nicht gefallen."

Ach, daran hatte Kim gar nicht gedacht.
Und Walter auch nicht.

„Du kannst es im Schwimmbad doch einfach sagen, oder?“, fragt Kim.
„Was soll ich denn sagen?“, fragt Jamila.
„Dass du nicht im Badeanzug arbeiten möchtest“, sagt Kim darauf.
Darüber muss sie selbst lachen.
Es klingt so blöd.

„Ich kann auch heimlich meinen Badeanzug mitnehmen“, sagt Jamila.
„Und meinem Vater nichts davon sagen.“

Aber da schüttelt Walter den Kopf.
„Nein“, sagt er. „Das ist keine gute Idee, Jamila.
Wenn dein Vater merkt, dass du ihn anschwindelst, darfst du vielleicht gar nicht mehr mitmachen.
Und du willst doch mit auf die Klassenfahrt.“
Ja, das stimmt.

„Ich kann im Schwimmbad für dich anrufen“, sagt Walter schließlich.
„Wenn du es nicht selbst sagen möchtest.
Aber ich denke, du machst es besser selbst.
Dadurch lernst du auch, für dich einzustehen.“

Jamila nickt, aber sie sieht nicht glücklich dabei aus.
„Ich bin ja auch noch da“, beruhigt Kim sie.
„Wir werden es gemeinsam sagen.
Es ist immer einfacher zu zweit.“

Jamila schaut Kim erleichtert an.
„Danke. Du bist einfach eine gute Freundin.“

„Wir radeln nach der Schule einfach schon mal beim Schwimmbad vorbei“, sagt Kim.
„Ja, das ist eine gute Idee“, meint Walter.

Er nimmt sein Notizbuch und blättert darin herum.
„Ah, hier habe ich es“, sagt er. „Herr Wasserscheu.
An den müsst ihr euch wenden.“

Kim und Jamila lachen sich kaputt.
„Das kann nicht wahr sein!“, prustet Kim.

„Doch, so heißt er wirklich“, sagt Walter.
„Und denkt daran: Ärgert den Mann nicht damit.
Er kann auch nichts dafür, dass er so heißt.
Ich denke, er bekommt deswegen schon genug dumme Sprüche zu hören.“

Der erste Arbeitstag

„Jetzt erzählt mal, wie war es?“
Walter schaut die Jugendlichen neugierig an.
Es ist Mittwoch. Alle haben ihre Arbeit erledigt.
Jetzt sind sie wieder in der Schule.
Alle erzählen wild durcheinander.
Walter versteht gar nichts.
Aber es klingt begeistert.
„Nacheinander, bitte!“, ruft Walter.
„Erst Kim und Jamila.“

Kim erzählt, dass sie beim Schwimm-Unterricht helfen durfte.
Jamila wurde im Schwimmbad-Kiosk eingesetzt.
Sie sollte dort Ordnung machen und aufräumen.
Und sie hat Kaffee gekocht.
„Hat es Spaß gemacht?“, fragt Walter.
Die Mädchen nicken.
Ja, richtig viel Spaß.

„Und Peter?“, fragt Walter weiter.
Peter war bei der Post, zusammen mit Jakob.
„War auch schön“, meint Peter.

„Es war allerdings anstrengend“, sagt Jakob.
„Wir haben Kataloge ausgeteilt. Und dann mussten wir uns beeilen, um rechtzeitig wieder hier zu sein.“

„Konntest du das nicht mit deinem Roller erledigen?“, fragt Walter.
„Das habe ich gefragt“, sagt Jakob.
„Aber ich durfte nicht. Wir sollten zu Fuß gehen.“

Auch die Gruppe vom Supermarkt ist begeistert.
„Regale auffüllen, na ja. Das ist zwar eine ziemlich langweilige Arbeit“, sagt Robin.
„Aber gemeinsam hat es Spaß gemacht.“
Dann grinst er. „Und ich weiß nun genau, welche Sorten Kaffee es gibt. Und was sie kosten.“

„War es schwer, sich das zu merken?“, fragt Walter.
„Och, es ging ganz gut“, meint Robin.

Margo erzählt vom Altenheim.
„Dort geht alles sehr langsam“, sagt sie.
„Das gefällt mir. Und die Alten sind so lieb.
Sie sind froh, wenn man ihnen hilft.“
Sie erzählt von einer alten Frau.

Die konnte früher gut singen.
Sie war eine bekannte Sängerin.
„Sie denkt, dass sie das noch immer ist“,
kichert Margo.
„Sie läuft mit ihrem Rollator singend
durch die Gänge.“

„Also war es ein voller Erfolg?“, fragt Walter.
Alle nicken.

„Dann werden wir uns jetzt wieder mit Biologie
beschäftigen“, sagt Walter.
„Holt eure Bücher raus.“

Poster

So langsam haben sich die Schülerinnen und Schüler von der 9A an die neuen Arbeiten gewöhnt.
Es fällt ihnen nicht mehr schwer,
mittwochs früher aufzustehen.
Und dann vor der Schule erst einmal zu arbeiten.

„Heute werden wir an dem Bericht arbeiten“,
sagt Walter, als die Klasse vollzählig ist.
Bericht? Die Schüler sind erstaunt.
Welchen Bericht?

„Habt ihr das etwa vergessen?“, fragt Walter.
„Ihr sollt doch einen Praktikums-Bericht schreiben.
Das habe ich euch doch erzählt.“

Ach ja, jetzt fällt es ihnen wieder ein.
Sie müssen einen Bericht über ihre Arbeit schreiben.
Über den Supermarkt. Über das Schwimmbad.
Über die Post. Über das Altenheim.

„Müssen wir vier Berichte schreiben?“, fragt Jakob.
„Das finde ich ein bisschen viel.“

„Nein. Wir werden es anders machen“, sagt Walter. „Wir werden vier Poster gestalten.
Wir teilen die Klasse in vier Gruppen auf.
Jede Gruppe gestaltet ein Poster.
Überlegt aber zuerst, in welche Gruppe ihr möchtet.
Auf jedes Poster kommen Bilder und Texte.
Und ein Motto.
Zum Beispiel: Das Schwimmbad ist für alle da.
Darunter schreibt ihr dann etwas
über das Schwimmbad.
Warum es gut ist, wenn man schwimmen kann.
Wie schön unser Schwimmbad ist. Was es kostet.
So oder so ähnlich.“

Das ist eine tolle Idee.
Die Jugendlichen fangen sofort an,
Pläne zu schmieden.
„Ich frage meinen Vater, ob er mir seinen neuen
Foto-Apparat ausleiht“, sagt Jakob.
„Dann mache ich Fotos für die Poster.
Und ich nehme Lea mit, als Foto-Model.“

„Achte darauf, dass ihre Füße nicht zu sehen sind“,
kichert Robin.

Dann schreckt er auf.
War das Mobbing?
Aber alle lachen. Lea selbst lacht auch.

„Ihr dürft den Computer-Raum benutzen“,
sagt Walter.
„Euer Informatik-Lehrer wird euch helfen.
Das hat er mir versprochen.
Ihr müsst euch nur mit ihm absprechen.
Aber macht das erst nach dem Unterricht.“

Die vier Gruppen beginnen mit der Arbeit.
Sie sind gerade so richtig in Schwung,
als die Pausenglocke klingelt.
„He“, sagt Jakob. „Hört mal.
Sollen wir heute Nachmittag weitermachen?
Ihr könnt zu mir nach Hause kommen.“

Ja, das ist eine gute Idee.
Die Schüler aus der Schwimmbad-Gruppe nicken.

Ein Plan

Sie sitzen in Jakobs Zimmer.
Jakobs Mutter hat Tee und Kekse hingestellt.
Jakob hat ein großes Zimmer mit einem Balkon.
Aber draußen ist es zu kalt.
Und sie wollen ja eigentlich arbeiten.
Erst mal aber sitzen sie nur so rum und quatschen.
Über Walter.

„Ich finde, dieses Jahr ist es viel schöner
auf der Schule“, sagt Kim. „Das liegt an Walter.“
Das finden die anderen auch.
„Wir sollten ihm auch eine Freude machen“,
sagt Peter.
Ja, aber was?

„Worüber würde Walter sich am meisten freuen?“,
fragt Jamila.
Sie denken alle nach.

„Dass ihn niemand mobbt“, sagt Robin.
„Dass seine Frau zu ihm zurückkommt“, sagt Kim.
Alle halten kurz den Atem an.

„Wie sollen wir das denn hinbekommen?“,
fragt Peter schließlich.
„Wir wissen ja nicht mal, wie seine Frau heißt.“
„Sina“, sagt Jamila. „Seine Frau heißt Sina.“
Die Lernenden schauen Jamila erstaunt an.
Woher weiß sie das?

Jamila grinst: „Das stand unter dem Foto
bei Walter zu Hause.“
„Kennst du etwa auch ihren Nachnamen?“,
fragt Jakob.
Aber Jamila schüttelt den Kopf.
„Der stand nicht auf dem Foto.“
„Vielleicht sollten wir Walter fragen“, sagt Kim.
„Nicht direkt natürlich. Nur so nebenbei,
damit er sich nichts dabei denkt.“

„Aber was machen wir dann,
wenn wir ihren Namen kennen?“
Peter schaut die anderen fragend an.
Kim zögert: „Vielleicht schreiben wir ihr einen Brief.
Darin können wir erzählen, dass Walter über sie
gesprochen hat. Wir können fragen,
ob sie noch mal mit ihm reden möchte.“

Aber davon hält Peter nichts.
„Fragen wir sie doch, ob sie mit
auf die Survival-Tour kommt“, schlägt Jakob vor.
„Wir könnten sie unter einem Vorwand einladen.“

Dieser Vorschlag gefällt Peter schon besser.
„Ja, das finde ich gut“, sagt er.
„Aber trotzdem müssen wir zuerst herausfinden,
wie sie heißt. Und wo sie wohnt.“
„Ja“, sagt Kim. „Aber lasst uns jetzt besser erst mal
arbeiten. Sonst wird das Poster nie fertig.“

Sie schieben ihre Stühle an den Tisch.
Kim und Jamila schreiben einen Text.
Peter und Jakob suchen im Internet nach Bildern.
Robin liest sich die Info-Broschüre
vom Schwimmbad durch.

Noch ein Plan

Mittwochs vor der Schule zur Arbeit? Daran haben die Schüler aus der 9A sich wirklich schon gewöhnt.
Es geht ja nun schon einige Wochen so.
In zwei Wochen ist es wieder vorbei.
Das wird merkwürdig sein.

In der Zwischenzeit haben sie genug Geld in der Klassenkasse.
Und die Fahrt rückt immer näher.
In ein paar Wochen ist es so weit.
Was brauchen sie alles?
Sie haben Listen geschrieben.
Sie müssen richtig viel einpacken:
warme Kleidung für kaltes Wetter,
Regensachen, wenn es mal nass wird.
Man kann nie sicher sein, wie das Wetter wird.
Aber sie hoffen natürlich auf Sonnenschein.
Dann ist das „Überleben“ auch nicht so schwer.

Die Poster sind auch fast fertig.
Sie haben hart daran gearbeitet.
Morgen ist Elternabend.

„Dann hängen wir die Poster in der Klasse auf“, hat Walter gesagt. „Eure Eltern werden bestimmt stolz auf euch sein.“

Eigentlich läuft alles prima.
Jetzt nur noch die Sache mit Walters Frau.
Niemand konnte etwas über sie herausfinden.
Sie trauen sich nicht, Walter einfach
über sie auszufragen. Und von selber spricht er
nicht mehr über seine Frau.

Sie haben im Telefonbuch nachgesehen.
Sie haben nach Sina Sand gesucht.
Vielleicht hat Sina immer noch
denselben Nachnamen wie Walter.
Dann haben sie alle S. Sand angerufen.
Als sie wieder einmal bei Jakob zu Hause waren.
Sie haben viel Spaß dabei gehabt.
Aber die richtige S. Sand haben sie nicht gefunden.

„Wahrscheinlich verwendet sie den Namen Sand
nicht mehr“, sagt Jakobs Mutter am Nachmittag.
Die Kids sitzen wieder gemeinsam
an dem Schwimmbad-Poster.

Die Texte und die Bilder müssen jetzt noch aufgeklebt werden.

Sie haben einen großen Rahmen gekauft.
Einen richtig schönen Rahmen, sogar mit Glas.
Da soll das Poster nun rein.
Jakobs Vater will es morgen zur Schule bringen.
Denn so ein großer Rahmen passt natürlich nicht auf Jakobs Roller.

„Sina kann auch eine Abkürzung sein“, überlegt Jakobs Mutter.
„Vielleicht heißt sie Josefina.“
„Dann wird wohl keine Sina bei der Survival-Tour auftauchen“, sagt Jakob enttäuscht.
Aber seine Mutter findet,
er soll nicht so schnell aufgeben.
„Ich habe einen Plan“, sagt sie.
„Was für einen Plan?“, fragt Jakob.
„Das sage ich noch nicht“, antwortet seine Mutter und zwinkert geheimnisvoll.
„Ach, wie blöd. Dann hättest du gerade so gut gar nichts sagen können“, findet Jakob.

Der Elternabend

Es sind schon einige Eltern anwesend.
Sie laufen im Klassenzimmer herum.
Sie schauen sich die Poster an.
Und sprechen über die Aufgabe über Heuschnupfen.
Die steht immer noch an der Tafel.
Walter findet sie zu schön, um sie wegzuwischen.
Er hat all die Wochen drumherum geschrieben.

Walter hat eine große Kanne Kaffee
auf seinen Tisch gestellt.
Kims Mutter hat einen Kuchen gebacken.
Der steht daneben.
„Es sieht aus wie bei einem Geburtstag“,
sagt Jamilas Vater.

Jakobs Mutter steht noch im Gang.
Sie redet mit Kims Mutter.
„Kommen Sie bitte auch rein?“, fordert Walter sie auf.
„Dann können wir anfangen.“
Gut gelaunt kommen die beiden ins Klassenzimmer.
Walter spricht über die Klassenfahrt.
Was er alles mit den Schülern unternehmen möchte.

Und was noch organisiert werden muss.
„Jamila und Jakob müssen abends abgeholt werden“, sagt Walter. „Und morgens wieder zu uns gebracht werden. Wer möchte das übernehmen?“

Jakobs Mutter bietet an, Jamila und Jakob morgens zum Zeltlager zu bringen.
Jamilas Vater will sie abends abholen.

Dann spricht Walter über Robins Oma.
Er fragt: „Kann sich jemand um die Oma kümmern, so lange Robin nicht da ist?“
Alle Mütter zeigen auf.
Walter lacht.
„Das sind zu viele für eine Oma“, findet er.
„Eine ist genug. Wer wohnt denn am nächsten?“

Das ist Jamilas Mutter.
Sie soll Robins Oma jeden Tag besuchen und nach dem Rechten sehen.
„Ich kann auch etwas für sie kochen“, schlägt sie vor.

Walter reibt sich die Hände.
Das läuft ja alles prima.

Die Eltern trinken Kaffee und
reden vergnügt durcheinander.
„Herr Sand, kommen Sie bitte mal zu mir?“,
fragt Jakobs Mutter.
Walter setzt sich neben sie.
„Jakob erzählte mir von Ihrer Frau.
Dass Sie mit den Kindern über sie gesprochen haben.
Er hat erzählt, dass Ihre Frau Sina heißt.
Das ist ein besonderer Name.
Ich hatte früher eine beste Freundin, die so hieß.
Ich bin sehr neugierig, ob es dieselbe Sina ist.
Wie heißt Ihre Frau denn mit Nachnamen?“

„Rosing“, antwortet Walter.
Jakobs Mutter schüttelt den Kopf.
„Nein, meine Freundin hieß Sina von Weik“, sagt sie.

„Ich kenne eine Familie Rosing“, sagt Kims Mutter.
„Aus Biberbach. Kommt Ihre Frau von dort?“
„Nein, sie kommt aus Frankfurt am Main“,
sagt Walter.
„Ach so“, sagt Kims Mutter.
Sie tut so, als wäre sie enttäuscht.

Ein Artikel in der Zeitung

Kim muss laut lachen,
als ihre Mutter vom Elternabend berichtet.
„Es ist schon gemein", sagt Kims Mutter.
„Der arme Herr Sand hat nichts durchschaut.
Aber wir haben es ja für einen guten Zweck getan."

Das findet Kim auch.
Und die anderen ebenso.
Jakob und Kim sind richtig stolz auf ihre Mütter.
Nun können sie weiter überlegen.

Am Nachmittag treffen sich alle wieder bei Jakob.
Wie sollen sie jetzt vorgehen?
Wie bekommen sie Sina dazu,
mit auf die Survival-Tour zu kommen?
Welchen Vorwand könnten sie sich ausdenken?
Da kommt Jakobs Mutter mit der Zeitung rein.

„Schaut mal her!", ruft sie.
„Hiermit könnt ihr sicher etwas anfangen."
„Was sollen wir denn mit der Zeitung",
regt Jakob sich auf.

„Hier, lest doch!“ Jakobs Mutter breitet
die Zeitung vor ihnen aus.
Darin steht ein Artikel über Walter.
„Kims Mutter und ich haben den Artikel
geschrieben“, erklärt Jakobs Mutter.
„Über euren Vertrag gegen Mobbing.
Und dass der Vertrag ein voller Erfolg ist.
Der Direktor hat es uns selbst gesagt.
Es wird jetzt weniger gemobbt an der Schule.
Das hat Herr Sand erreicht. Zusammen mit euch.“

Jakob und Kim reißen ihr die Zeitung
aus den Händen.
„Wie toll!“, ruft Kim. „Was für eine tolle Geschichte.“
„Wir schicken Sina den Artikel zu!“, ruft Jamila.
„Dann sieht sie, wie großartig Walter ist.“
„Da ist auch ein Foto von Walter“, bemerkt Robin.
„Das habe ich am Elternabend aufgenommen“,
grinst Jakobs Mutter.

Walter steht vor der Tafel mit der Hausaufgabe.
Unter dem Foto steht:
Walter Sand braucht nicht mal mehr selber in der
Schule anwesend zu sein.

Seine Klasse (9A) entwickelte diesen Unterrichts-Stoff, als Walter krank zu Hause bleiben musste.

„So“, sagt Jakobs Mutter.
„Nun überlasse ich euch den Rest.
Kims Mutter und ich haben genug getan.
Ich werde noch eine Kanne Tee für euch aufbrühen.
Und dann ist Schluss.“
„Gibt es auch wieder Kekse?“, fragt Jakob.
„Oder ist das dann zu viel?“
„Viel zu viel“, antwortet seine Mutter.
Aber kurze Zeit später stellt sie doch Kekse hin.

„Wir schreiben Sina einen Brief“, schlägt Robin vor.
„Und schicken ihr die Zeitung mit.“

„Was sollen wir in dem Brief schreiben?“, fragt Peter.
„Wir wissen ja noch nicht mal, unter welchem
Vorwand wir sie anschreiben sollen.“

„Vielleicht müssen wir gar nichts erfinden.
Wir sollten einfach bei der Wahrheit bleiben“,
sagt Jamila.

Der Brief

Liebe Sina,

vielleicht ist es unhöflich, nicht mit „Liebe Frau Rosing" zu beginnen. Oder „Liebe Frau Sand".
Aber wir wissen nicht genau,
welches der richtige Name ist.
Wir dachten, wir reden Sie mit Sina an.
Denn Walter dürfen wir auch einfach Walter nennen.

Wir sind Schülerinnen und Schüler aus der 9A,
der Klasse von Walter.
Walter ist ein großartiger Klassenlehrer.
Das können Sie in dem Zeitungsartikel lesen.
Wir haben unglaublich viel von ihm gelernt.
Besonders über Mobbing.
Wie schlimm Mobbing sein kann.
Er erzählte, wie er früher selbst gemobbt wurde.
Und wie schrecklich das war.
Dass er nicht mehr schlafen konnte.
Und dass er wegen dem Mobbing auch
seine Frau verloren hat.
Das hat uns sehr erschreckt.

Deshalb haben wir einen Vertrag
gegen Mobbing aufgesetzt.
Alle an unserer Schule befolgen ihn nun.
Und es hilft. Der Vertrag ist sehr erfolgreich.

Wir dürfen bald eine längere Klassenfahrt
unternehmen, für ein paar Tage.
Walter hat das organisiert.
Wir gehen zelten und machen eine Survival-Tour.
Das ist natürlich super.

Und jetzt zu unserer Frage.
Wir möchten Walter so gern eine Freude bereiten.
Er wäre bestimmt sehr glücklich, Sie wiederzusehen.
Das denken wir wenigstens.
Würden Sie uns auf der Klassenfahrt begleiten?
Oder uns vielleicht wenigstens im Zeltlager besuchen?

Wir hoffen sehr, dass Sie kommen.
Walter wird sich sicher freuen.
Er weiß natürlich von nichts!

Herzliche Grüße von der 9A

Unter den Brief schreiben alle ihre Namen.
Sie stecken den Brief und den Artikel aus der Zeitung in einen Umschlag.
Sie schreiben die Adresse darauf.
Noch eine Briefmarke, fertig!

Und dann werfen sie den Brief in den Briefkasten.
Sie sind ganz schön nervös.
Wie wird Sina das wohl finden?
Alle hoffen, dass Sina schnell zurückschreibt.

Was nun?

Aber Sina schreibt nicht zurück.
„Sollen wir sie anrufen?“, fragt Kim.
„Vielleicht will sie einfach nicht mit“, sagt Peter.
„Vielleicht hat sie den Brief nicht bekommen“, entgegnet Kim.
„Ich finde es ziemlich bescheuert, Sina anzurufen“, meint Jamila.
„Ich denke, wir sollten es tun.“ Das ist Jakob.

Die Jugendlichen stehen in einer kleinen Gruppe auf dem Schulhof beieinander.
In einer Woche ist es endlich so weit, dann geht es los.
Alles ist organisiert, außer das mit Sina.

„Was macht ihr denn für Gesichter?“
Walter kommt zu ihnen.
Walter hat offensichtlich gute Laune.
„Jetzt geht es bald auf unsere große Tour.
Freut ihr euch gar nicht darauf?“
Die Schüler versuchen zu lächeln.
Aber das gelingt nicht wirklich gut.

„Klar freuen wir uns. Wir sind bloß müde von der
Arbeit für den Praktikums-Bericht“, meint Kim.
Sie kann ja schlecht erzählen, was wirklich los ist.

„Wir ziehen ein Streichholz“, sagt Kim,
als Walter fort ist.
„Ich nehme fünf Stück. Ein Streichholz knicke ich ab.
Ich halte dann alle zwischen meinen Fingern,
mit dem Kopf nach oben.
So sieht niemand, welches Streichholz kürzer ist.
Ihr zieht alle ein Streichholz.
Wer das kurze bekommt, ruft bei Sina an.“

Die anderen nicken. Einverstanden.
Kim geht in die Schule.
Kurze Zeit später kommt sie wieder auf den Hof.
Sie hat fünf Streichhölzer in der Hand.
Peter, Jamila, Robin und Jakob ziehen.
Doch niemand hat das kurze Streichholz.

Kim seufzt. „Also ich“, sagt sie.
„Ich rufe heute Nachmittag an,
wenn ich zu Hause bin.
Ich finde es unangenehm, wenn ihr dabei seid.“

„Soll ich anrufen?“, fragt Peter,
als sie zusammen nach Hause radeln.
Kim schaut ihn an. Wie lieb, denkt sie.
„Lass mal. Wir haben schließlich gelost“, sagt sie.

„Dann viel Erfolg. Bis morgen.“
Peter fährt um die Ecke.
„Ja, bis morgen“, antwortet Kim.

Das Zeltlager

Alle aus der Klasse 9A sind total aufgeregt.
Der Schulhof ist voll mit Rucksäcken, Reisetaschen, Jugendlichen und Eltern.
„Warum geht es nicht los?", ruft jemand.
„Walter ist noch nicht da", ist die Antwort.
Walter ist noch nicht da? Wo kann er denn sein?
Ohne Walter können sie nicht los.

Da kommt der Direktor.
„Steigt ruhig schon ein", sagt er.
„Walter wird mit seinem eigenen Auto fahren.
Er rief gerade an. Ihr trefft ihn dann im Zeltlager."

„Oh! Nun ja, auch gut", brummt Jakob.
Er findet es aber doch merkwürdig.
Sie haben die Fahrt gemeinsam vorbereitet.
Und jetzt fährt Walter mit seinem eigenen Auto.

Aber im Bus ist es gemütlich.
Der Fahrer hat das Radio angemacht.
Die Schüler singen lautstark mit.
Eine Stunde später kommen sie im Zeltlager an.

Der Bus fährt auf das Gelände ... und da steht Walter.
Leas Mutter steht neben ihm.
Alle sehen sofort, dass sie es ist:
Lea ähnelt ihrer Mutter sehr.
Die Mutter wird im Zelt von den Mädchen schlafen.

Der Plan mit Sina hat nicht geklappt.
Kim hat in Frankfurt am Main angerufen.
Bei der Familie Rosing.
Allerdings gab es dort keine Sina.
Dann haben sie wohl auch ihren Brief
an die falsche Adresse geschickt.

„Hallo Walter! War es dir im Bus zu eng?"
Lachend steigen die Jugendlichen aus.
„Ich habe lieber ein Auto bei mir", antwortet Walter.
„Stellt euch vor, jemand wird krank.
Dann muss ich doch schnell zu einem Arzt
fahren können."

Sie schleppen ihre Taschen, Rucksäcke und Koffer
in die zwei großen Schlaf-Zelte.
Sie bauen ihre Lager auf.
Mit einer Matte und einem Schlafsack.

Das ist schnell erledigt.
Zelten ist doch recht einfach.
Dann gehen sie zum Kochzelt.
Dort erfahren sie, was für heute geplant ist.

Walter teilt wieder mehrere Gruppen ein:
Jede Gruppe wird einen Tag lang
für die Mahlzeiten verantwortlich sein.
Die anderen Gruppen werden draußen
die Survival-Spiele machen.

Survival

Walter hat sich richtig viel überlegt:
Mit den Fahrrädern wird es über Stock und Stein gehen. Die Räder hat Walter vorher bei einem Fahrrad-Verleih bestellt.
Die Kids werden über Hindernisse laufen.
Sie werden Flöße bauen und damit fahren.
Sie werden schwimmen.
Und sich an Seilen über das Wasser hangeln.
Sie werden mit Ästen eine Brücke bauen.
Sie werden durch einen Tunnel kriechen.
Sie werden hoch in die Bäume klettern.
Sie werden im Dunkeln einen Weg suchen, nur mit Taschenlampen.

Das hört sich alles gut an.
Kim hat jedoch ein bisschen Angst, dass sie ausgelacht wird.
Schwimmen kann sie ja ganz gut.
Aber an Seilen hangeln ...
„Wir machen es im Team“, sagt Walter.
„Alle machen alles mit.
Aber nur die fünf schnellsten Zeiten zählen.“

Zum Glück, denkt Kim.
Dann kann ich ruhig von den Seilen runterfallen.

„Heute Nachmittag geht es los, nach dem Mittagessen“, sagt Walter.
„Die Gruppe, die sich um das Essen kümmert, macht heute nicht mit. Die anderen Teams werden Flöße bauen und radfahren.
Heute Abend unternehmen wir dann alle gemeinsam etwas.“

Kim gehört zur Kochgruppe.
Dort stehen schon die Sachen fürs Mittagessen.
Zusammen mit den anderen macht sie sich an die Arbeit.
Leas Mutter hilft auch mit.
„Heute Abend essen wir dann Makkaroni“, schlägt Leas Mutter vor. „Das ist einfach zuzubereiten. Dann sind wir rasch fertig.“
„Müssen wir auch abwaschen?“, fragt Kim.
„Ja“, sagt Leas Mutter. „Ich denke schon.“

„Aber dabei helfe ich euch“, hört man plötzlich eine Stimme sagen.

Erstaunt schauen sie sich um.
Eine junge Frau steht im Kochzelt.
Kim weiß sofort, wer sie ist.
„Sie sind Sina!“, ruft sie glücklich.
„Sie sind doch gekommen.“

Sina nickt.
„Weiß Walter davon?“, fragt sie leise.
„Aber nein“, sagt Kim.
„Wir haben ihm nichts erzählt.
Aber haben Sie ihn schon gesehen?
Er ist irgendwo draußen beschäftigt.“
Sina schüttelt ihren Kopf.
Nein, sie hat Walter nicht gesehen.
„Ich verstehe es nicht“, sagt Kim.
„Wir konnten Sie überhaupt nicht ausfindig machen. Wieso sind Sie dann nun doch hier?“

Sina lacht:
„Zunächst mal: Sagt einfach du zu mir“, sagt sie.
„Ich werde euch nachher schon alles genau erzählen, wie das so gelaufen ist mit eurem Plan.“

Die Kochgruppe

Das Mittagessen ist fertig.
Im Kochzelt stehen Platten mit belegten Broten
für alle bereit.
„Ruft alle zum Essen“, sagt Leas Mutter.
Sie läuft nach draußen.
Sie hat Stiefel an, weil es ein wenig regnet.
Leas Mutter hat auch große Füße, sieht Kim.
Sie muss ein bisschen lachen.

„Ich bringe meine Sachen ins Schlafzelt“, sagt Sina.
„Ich werde dich begleiten“, sagt Kim.
Als sie dort ankommen, fragt Kim:
„Was wirst du nun tun? Willst du mit uns essen?“
Sina zögert: „Ich weiß nicht. Was soll ich tun?“
Plötzlich hat Kim eine Idee.
Heute Abend wollen sie doch alle in den Wald,
mit Taschenlampen.
Es wird ein Orientierungs-Spiel werden.
Sie sollen einen Schatz suchen.
Walter hat sich das so ausgedacht.
Nun denn – Kim wird dafür sorgen,
dass der Schatz gefunden wird. Von Walter!

„Bleib einfach hier“, sagt Kim zu Sina.
„Ich bringe dir ein paar Brote.
Später werde ich dir meinen Plan erklären.
Wenn die anderen dabei sind.“
Kim läuft schnell zum Kochzelt zurück.
Zuerst fand sie es schade,
dass sie heute fürs Essen sorgen muss.
Aber jetzt findet sie es gar nicht mehr schlimm.

Nach dem Mittagessen geht es los.
Eine Gruppe fährt mit den Rädern los.
Walter hat Mountainbikes gemietet.
Die stehen am Eingang vom Zeltlager.
Es regnet noch immer ein wenig.
Das ist schon schade.
Aber morgen soll es schönes Wetter geben.

Die andere Gruppe fängt an, Flöße zu bauen.
Am See liegen jede Menge Baumstämme.
Und Seile.
Für die Flöße dürfen sie keine Nägel verwenden.
Das hat Walter so festgelegt.
Er hilft beim Floßbau.
Der Sportlehrer begleitet die Fahrrad-Gruppe.

Die Kochgruppe geht abwaschen.
Es ist ganz schön viel zu tun.
Zum Glück helfen Leas Mutter und auch Sina.
Als der Abwasch fertig ist,
setzen sich alle an den Tisch.
„Wir fangen schon mal mit den Makkaroni an",
sagt Leas Mutter. „Die anderen werden hungrig
sein, wenn sie zurückkommen."

Zwiebeln schneiden, Möhren säubern,
Lauch waschen, Tomaten in heißes Wasser legen –
jeder bekommt etwas zu tun.
Als alle beschäftigt sind, sagt Kim:
„Jetzt will ich aber wissen, wie das gelaufen ist.
Erzähl mal, Sina!
Hast du unseren Brief doch bekommen?"

Sinas Geschichte

Und Sina erzählt.
Natürlich hatte sie den Brief von der 9A bekommen,
mit dem Zeitungsartikel.
Sie war sehr erstaunt darüber,
aber auch sehr glücklich.
Sie freute sich für Walter, dass alles jetzt so gut lief.
Sie wusste allerdings nicht, was sie tun sollte.
Über die Einladung hatte sie sich riesig gefreut.
Und sie wollte Walter wirklich gern wiedersehen.
Aber vielleicht wollte Walter sie nicht sehen?

Sina hatte auch ein schlechtes Gewissen.
Sie hatte Walter ja ein wenig im Stich gelassen.
Die Schüler meinten: Klar will Walter dich sehen.
Aber wussten sie das ganz sicher?
Jedenfalls beschloss Sina: Ich fliege nach London.
Dort wohnt meine beste Freundin.
Mit ihr kann ich über Walter reden
und über den Brief.

Kim hatte angerufen, als Sina gerade in London war.
Sinas Vater wusste nichts von dem Brief.

Sie hatte nicht mit ihren Eltern darüber geredet.
Aber der Vater erinnerte sich
an die schrecklichen Anrufe von früher.

Deshalb sagte er zu Kim,
dass bei ihm keine Sina wohnt.
Als Sina aus London zurück war,
erzählte sie ihrem Vater von dem Brief.
Da begriff er, und er erzählte ihr von dem Anruf.

Sina entschied sich, zum Zeltlager zu fahren.
Ihre Freundin hatte gemeint:
„Natürlich findet Walter es nett, wenn du kommst.
Er hat seiner Klasse von dir erzählt.
Er wird sich riesig freuen, wenn du mitmachst.
Vielleicht hat er sich damals wirklich von dir
im Stich gelassen gefühlt.
Vielleicht ist er längst nicht mehr verliebt in dich.
Aber das ist doch auch nicht unbedingt nötig, oder?
Vielleicht könnt ihr euch aussprechen.
Wer weiß, was passiert, wenn ihr euch seht ..."

Aber mittlerweile war es zu spät,
um auf den Brief zu antworten.

Sina hatte keine Telefonnummer von Kim
oder sonst jemandem aus der Klasse.
Oh, wie blöd, denkt Kim.
Wir haben vergessen, unsere Nummern
mit in den Brief zu schreiben.

„Also bin ich direkt hierhergekommen.
Mit dem Zug und mit dem Bus", sagt Sina.
„Zum Glück konnte ich beim Direktor fragen,
wo das Zeltlager stattfindet.
Und ich wusste, dass ihr heute ankommt.
Ja, also ... das ist meine Geschichte."

Kim holt tief Luft.
Jetzt ist sie an der Reihe.
Sie muss ihren Plan erklären.
„Arbeitet ihr gar nicht weiter?", fragt Leas Mutter.
„Kommt jetzt: Tomaten pellen, Möhren klein
schneiden, Käse raspeln, Salat waschen ...
Hier wird nicht nur geredet!"

Kims Plan

Die Kochgruppe sitzt gemütlich zusammen.
Sollen die anderen doch radfahren und Flöße bauen.
Sie schmieden Pläne für den Abend.
Spannende Pläne.

„Wir decken schon mal die Tische“, sagt Sina.
„Wenn wir fertig sind, setzen wir uns
ins Mädchen-Zelt.
Dort können wir in Ruhe unsere Pläne besprechen.
Walter lassen wir dort nicht rein.“

Die Mountainbiker kommen erschöpft
von ihrer Tour zurück.
Es war sehr anstrengend.
Die Wege waren richtig matschig.
Trotzdem war es toll.
Die Mädchen legen sich auf ihre Schlafsäcke.
Die Floß-Bauer sind ebenfalls wieder da.
Auch sie kommen ins Zelt hinein.

„Wir haben euch etwas zu erzählen“, sagt Kim.
„Es ist noch jemand gekommen.“

Als es zum Abendessen geht, wissen alle,
dass Sina da ist.
Alle außer Walter.

Und alle kennen Kims Plan. Ein super Plan.
Beim Essen wird viel geflüstert.
Und gelacht.
Walter ahnt nichts, zum Glück.

Als es fast dunkel ist, sagt Walter:
„Alle mal herhören.
Wir wollen jetzt mit der Schatzsuche anfangen.
Ihr bekommt einen Zettel mit der Wegbeschreibung.
Die hilft euch, den Schatz zu finden.
Der Schatz liegt an einem Kreuz versteckt.
Wir gehen jeweils zu viert.
Jede Gruppe bekommt eine Taschenlampe
und einen Kompass.
Jede Gruppe hat eine andere Wegbeschreibung.
Also wird jede Gruppe über einen anderen Weg
zum Schatz finden.
Es geht um Zeit. Es gewinnt die Gruppe,
die als erste beim Schatz ist.
Aber aufgepasst: Unterwegs lauern Gefahren!“

Lachend ziehen die Gruppen los,
hinein in den dunklen Wald.
Walter geht als Letzter.
Er steuert direkt die Stelle an, wo der Schatz liegt.
Er hat ein paar Leuchtraketen dabei.
Die hat er als Signal mitgenommen.
Falls eine Gruppe den Schatz gar nicht findet.

Walter hat alles gut geplant und durchdacht.
Aber dass eine Überraschung auf ihn wartet,
davon ahnt er nichts.

Im Wald ist es stockdunkel.
Das haben die Schüler so nicht erwartet.
Sie sehen überhaupt nichts.
Der Mond scheint nicht.
Und es sind keine Sterne am Himmel zu sehen.
Das liegt natürlich daran, dass es bewölkt ist.
In der Stadt sieht man immer etwas.
Auch in einer dunklen Nacht.
Im Wald jedoch nicht.
Da gibt es keine Straßenlaternen.
Und kein Licht aus Wohnzimmer-Fenstern.
Ganz schön gruselig ...

Gruselig

Es ist nicht einfach, den richtigen Weg zu finden.
Die Bäume sehen im Dunkeln alle gleich aus.
Und es passieren auch eigenartige Dinge im Wald.
Manchmal sehen die Jugendlichen
etwas Weißes zwischen den Bäumen.
Oder scheint das nur so?
Dann wiederum glauben sie,
ein großes Tier zu sehen.
Oder vielleicht doch nicht?
Sie hören auch merkwürdige Geräusche.
Es raschelt und wispert im Unterholz.
Dann wieder hört es sich an wie leises Geheul.

Peters Gruppe stapft durch das Gebüsch.
Peter leuchtet mit der Taschenlampe auf den
Kompass. Dann sucht er den Weg auf dem Zettel.
„Wir müssen vorsichtig sein", sagt er.
„Hier geht es lang."
Peter redet sehr leise.
Er weiß selber nicht warum.
Das macht wohl die gruselige Stimmung
in dem dunklen Wald.

Plötzlich stehen sie still. Sie hören wieder diese merkwürdigen Geräusche, nun ganz in der Nähe.
„Was machen wir?“ Jamila zittert.
„Schauen wir uns das näher an oder
gehen wir weiter?“

„Wir schauen uns das an“, flüstert Peter.
Er schleicht vorsichtig weiter.
Dort hinter dem Baum.
Dort kommt das Geräusch her.
Es klingt, als würde ein Mädchen leise weinen.

„Wie gespenstisch!“ Jamila läuft es eiskalt den Rücken hinunter. „Ich finde es gruselig.“
„Es gibt keine Gespenster“, sagt Peter großspurig.
„Ja, das denkst du“, murmelt Jamila.
„Ich bleibe hier. Schau du dir das lieber allein an.“

Peter schaut vorsichtig hinter den Baum.
Er sieht nichts.
Er leuchtet mit der Taschenlampe nach unten.
Er sieht immer noch nichts.
Dann holt er tief Luft und fegt die Blätter
mit seinen Händen weg.

Und dann ... beginnt er zu lachen.
„Kommt her, schaut euch dieses Gespenst ruhig an“, sagt er.
Die anderen sehen nun auch hin.
Dort liegt ein alter tragbarer CD-Spieler.
„Der Walter“, sagt Jamila. „Aber wartet nur.
Er wird sich gleich selbst erschrecken.“

Jakob gehört zur nächsten Gruppe.
Jakob fühlt sich im Wald überhaupt nicht wohl.
Er fährt lieber mit seinem Roller durch die Stadt.
Er findet den Wald viel zu still.
Er glaubt ständig, etwas zu sehen.
Und dann doch wieder nicht.
Dort zwischen den Bäumen – steht dort nicht ein großes Tier?
Jakob zeigt dorthin.
Die anderen glauben auch, etwas zu sehen.
Aber was?
Es leben doch keine so großen, wilden Tiere in Deutschland, oder? Bären? Nee, oder?

Da bewegt sich das große Tier.
Die Gruppe schreit auf.

Jakob lässt vor Schreck die Taschenlampe fallen.
Er nimmt die Lampe vorsichtig wieder hoch.
Dann leuchtet er in die Richtung,
wo sie das Tier gesehen haben.
Es ist nichts mehr zu sehen.

Eine Leuchtrakete

Der Ausflug durch den Wald scheint
die ganze Nacht zu dauern.
Dabei sind sie jetzt gerade einmal
anderthalb Stunden unterwegs.
Walter wird langsam unruhig.
Die Jugendlichen hätten längst hier beim Schatz
eintreffen sollen.
Er versteht es nicht.
Wenn nur eine Gruppe noch fehlen würde.
Das könnte schon sein.
Aber dass überhaupt niemand kommt?
So schwierig ist der Ausflug durch den Wald
nun auch wieder nicht.
Soll ich eine Leuchtrakete abschießen?,
überlegt Walter.
Aber dafür ist es wohl noch zu früh.

Inzwischen ist Kims Gruppe erschrocken
stehen geblieben.
Zwischen den Bäumen schwebt eine weiße Gestalt.
„Das kann nicht sein", flüstert Kim.
„Das gibt's überhaupt nicht."

Doch alle sehen die Gestalt.
Sie sieht aus wie eine Frau.
Langsam schwebt die Gestalt von Baum zu Baum.

Sie hat ein langes weißes Kleid an.
Ihren Kopf können sie nicht gut erkennen.
Ihre Füße auch nicht.
Sie scheint wirklich über dem Boden zu schweben.
Dann, plötzlich, ist sie weg.

„Wir gucken uns das mal an", beschließt Kim.
Tapfer stapft sie zu der Stelle,
wo die Frau verschwunden ist.
Sie leuchtet mit ihrer Taschenlampe
auf den Erdboden.
Der Boden ist vom Regen aufgeweicht.
Im Matsch sieht man Fußabdrücke.
Große Abdrücke. Von Stiefeln.
Da muss Kim lachen. Auf einmal versteht sie.
„Das war Leas Mutter", stöhnt sie.
„Die hatte heute so große Stiefel an."
Die anderen prusten nun auch vor Lachen.
„Walter, wir bekommen dich schon noch",
sagt Kim leise.

Walter hat nun doch Angst.
Was kann bloß passiert sein?
Außerdem wird ihm langsam kalt.
Hoffentlich werden die Kinder nicht krank, denkt er.
Dann bin ich schuld.
Walter nimmt eine Leuchtrakete aus der Plastiktüte und zündet sie an.

Zischend fliegt die Rakete nach oben und entzündet sich als große rote Kugel.
Die Kugel leuchtet hell. Ein gespenstisch rotes Licht.
Eigentlich richtig schön.
Der ganze Wald ist nun erleuchtet.
Walter schaut umher, ob er schon jemanden sieht.
Und ...

Walter denkt, er träumt.
Dort zwischen den Bäumen steht Sina.
Sie sieht wie eine Fee aus.
Sie hat ein weißes Kleid an, das nun rosa leuchtet.
Ach nee, es ist nur ein weißes T-Shirt über der Jeans.
Aber für Walter sieht Sina trotzdem aus wie eine Fee oder eine Prinzessin.

Ein Märchen

Langsam geht Sina auf Walter zu.
Der setzt seine Brille ab und reibt sich die Augen.
Das muss ein Traum sein. Wieso ist Sina hier?
Walter setzt seine Brille wieder auf.
Er schaut noch einmal genauer hin.
Sina ist immer noch da. Und sie ist nicht allein.

Aus dem Wald kommen all seine Schülerinnen
und Schüler zum Vorschein.
Sie gehen sehr langsam, wie in einem Film.
Es sieht alles so schön aus, in dem roten Licht.
Es ist wie im Märchen.
Aber dann verglüht die rote Lichtkugel.
Die Leuchtrakete erlischt.
Walter sieht immer weniger.
Dann ist es wieder stockfinster.

Doch nun gehen die Taschenlampen an.
Und die Jugendlichen fangen an zu reden.
„Das hast du wohl nicht erwartet, Walter."
„Du hast sicher geglaubt, uns erschrecken
zu können, oder?"

Aber Walter hört dem fröhlichen Durcheinander überhaupt nicht zu.

Er schaut Sina an, die jetzt vor ihm steht.
Sie lächelt ihn an. „Darf ich beim Survival-Camp mitmachen?“, fragt sie.
Walter weiß gar nicht, was er sagen soll.
Er nickt einfach nur stumm.
Und kommt sich dabei ziemlich dämlich vor.

Und dann kommen noch mehr Gestalten aus dem Wald.
Leas Mutter mit ihren Stiefeln und im weißen Kleid.
Der Sportlehrer in einem Bären-Kostüm.
Jamilas Vater hat den CD-Spieler wieder eingesammelt.
Alle lachen und reden durcheinander.
Das war ein richtig tolles Abenteuer mit der Schatzsuche.

„Und wo ist der Schatz?“, fragt Lea.
„Der steht direkt vor mir“, antwortet Walter ernst.
Sina lacht.
„Es war die Idee von deiner Klasse“, sagt sie.

„Ja“, sagt Peter. „Das Schuljahr mit dir war so toll. Wir wollten dir etwas Schönes zurückgeben. Also haben wir uns das mit Sina überlegt.“

„Mir fehlen die Worte“, sagt Walter.

„Aber wo ist denn nun der Schatz?“, fragt Lea noch einmal ungeduldig.

„Den müsst ihr schon selbst ausgraben“, sagt Walter. „Schätze sind immer vergraben.“
Sie schauen sich suchend um.
Graben? Wo und womit?
„Dort stehen Schaufeln!“, ruft Jakob.
„Und hier ist ein Kreuz auf der Erde“, sagt Kim.
Zwei weiße Zweige liegen gekreuzt auf dem Erdboden.
Schnell fangen sie an zu graben.

Wieder zu Hause

Auf dem Schulhof ist es voll.
Aber nicht wie sonst voller Kinder und Jugendlicher.
Es sind nur Eltern da.
Die Eltern von den Schülern aus der Klasse 9A.
Sie warten auf ihre Kinder.
Die kommen heute von ihrer Survival-Tour zurück.

Robins Oma ist auch da.
Jamilas Eltern haben sie im Auto mitgenommen.
Jamilas Mutter fand es schön,
sich um Robins Oma zu kümmern.
Sie sagt: „Meine eigene Mutter wohnt so weit weg.
Mit Robins Oma habe ich nun
eine Ersatz-Mutter in Deutschland."

Robins Oma ist ebenfalls sehr glücklich.
„Jamilas Mutter kam jeden Tag vorbei.
Sie brachte mir etwas zu essen. Und wir haben
so nett miteinander geredet", sagt sie.
Robins Oma hatte vorher noch nie
marokkanisches Essen probiert.
Aber sie findet es lecker.

„Ich bringe Ihnen auch Essen vorbei,
wenn Robin wieder da ist“, verspricht Jamilas Mutter. „Das wird auch Robin gefallen.“

Robins Oma lächelt und nickt:
„Das ist so nett. Es ist wirklich,
als ob ich wieder eine größere Familie hätte.“

Der Bus kommt.
Keiner ist hinter den Fenstern zu sehen.
„Sie werden sich doch nicht etwa unter den Sitzen verstecken?“, sagt Kims Mutter.
Die anderen Eltern lachen.
Nein, dafür sind ihre Kinder schon zu groß.
Vor ein paar Jahren haben sie das noch gemacht.
Aber jetzt doch nicht mehr.
Der Bus hält vor dem Schulhof.
Niemand steigt aus.
Hä? Die Eltern schauen sich an.

„Überraschung!“ Die Jugendlichen springen schreiend vor Lachen aus dem Bus.
„Du hättest eure Gesichter sehen sollen!“, ruft Kim.
Kims Mutter schüttelt lachend den Kopf.

Der Direktor ist auch da.
„Und, hat Herr Sand alles überlebt?"
Alle schauen ihn vergnügt an
und zeigen die Straße hinunter.
Dort kommt das Auto von Walter.
Sina sitzt hinter dem Lenkrad.

Sie streckt ihren Kopf aus dem Fenster.
„Mein Mann war zu müde, um selbst zu fahren",
sagt sie. „Er schläft."
Das stimmt. Walter hängt zusammengesunken
auf dem Beifahrersitz und schläft.

„Und?", sagt Kim zu Peter. „Hatte ich recht?"
Peter schaut sie erstaunt an.
„Womit?", fragt er.
„Na, dass Männer sich tollere Klassenfahrten
ausdenken", sagt Kim lachend.

Wörter-Liste

Seite 7: Aula

große Halle oder Saal in einer Schule für Versammlungen, Feiern oder Aufführungen

Seite 9: unbeholfen

ungeschickt, tollpatschig

Seite 11: Brennpunkt-Schule

Schule, in der viele Schülerinnen und Schüler aus schwierigen sozialen Verhältnissen sind. Brennpunkt-Schulen gibt es oft in eher armen Wohngebieten.

Seite 11: Grünschnabel

Anfänger; jemand, der von etwas nichts versteht

Seite 14: Mobbing

Jemanden immer wieder aus dem gleichen, oft vorgeschobenen Grund ärgern oder einschüchtern und bedrohen. Oft ist jemand Einzelnes das Opfer einer ganzen Gruppe. Mobbing kann zu seelischen Krankheiten führen.

Seite 17: Fähre

Spezielles Boot für die Überquerung von einem Fluss. Es gibt kleine Fähren für Fußgänger und Radfahrer und große Autofähren. Auch Schiffe, die regelmäßig die gleiche Strecke übers Meer fahren und Passagiere mitnehmen, heißen Fähre.

Seite 17: Soap

Kurzwort für Soap Opera (englisch: Seifen-Oper). Bezeichnung für bestimmte Fernseh-Serien, die meistens über Werbung finanziert sind.

Seite 23: Findelkind

Bezeichnung für ein Kind, das von den Eltern ausgesetzt wurde

Seite 24: Lastkahn

Ein großes, flaches Schiff, häufig mit offenem Deck, auf dem Lasten transportiert werden. Wird oft für Lasten wie Kohle oder Kies eingesetzt.

Seite 28: Abspann

Aufzählung von allen Schauspielern und anderen Mitarbeitern am Ende eines Films

Seite 43: Schulamt
Behörde, die alles rund um die Schule regelt. Das Schulamt verteilt zum Beispiel die Lehrerinnen und Lehrer auf die verschiedenen Schulen.

Seite 46: Heuschnupfen
Allergie (siehe nächstes Stichwort), die vor allem im Frühling auftritt. Jemand mit Heuschnupfen ist allergisch gegen Blütenstaub, der zur Blütezeit von Pflanzen in der Luft schwebt. Man nennt es Heuschnupfen, weil der Körper mit geröteten Augen und verstopfter Nase reagiert.

Seite 46: allergisch, Allergie
Wenn der Körper auf harmlose Dinge zu stark reagiert, nennt man das allergische Reaktion oder Allergie. Das kann eine Reaktion auf Lebensmittel sein oder auf Tierhaare oder auf Blütenstaub. Der Körper reagiert zum Beispiel mit Haut-Ausschlag oder Atemproblemen.

Seite 65: Tweety
Eine Trickfilm-Figur. Tweety ist ein Küken mit sehr großen Füßen.

Seite 67: Survival-Tour
Englischer Ausdruck für „Überlebens-Reise". Eine Abenteuer-Reise, bei der man oft verschiedene Aufgaben bestehen muss.

Seite 115: Mountainbike
Englisch, eigentlich: Gebirgs-Fahrrad.
Ein besonderes Fahrrad, mit dem man gut im Gelände fahren kann.

Seite 122: Leuchtrakete
Eine besondere Rakete, mit der man seinen Standort anzeigen kann. Sie ist etwa so groß wie eine Silvester-Rakete, aber sie leuchtet länger und gibt ein ruhiges Licht ab.

Themen für Jugendliche

Das lesen auch Jugendliche gerne! Zu den Themen Schule, Liebe, Ausreißer, Drogen, Familie und Erwachsenwerden.

Auch für Lesemuffel geeignet - die Texte sind ansprechend und leicht zugänglich.

Tschick
Wolfgang Herrndorf

64 Seiten
ISBN: 978-3-944668-03-1

Drei kleine Worte
Petra Röder

120 Seiten
ISBN: 978-3-944668-46-8

Das Wunder von Bern
Marion Döbert nach dem Film von Sönke Wortmann

120 Seiten
ISBN: 978-3-944668-08-6

Die fetten Jahre sind vorbei
Marion Döbert nach dem Film von Hans Weingartner

152 Seiten
ISBN: 978-3-944668-44-4

Wir Kinder vom Bahnhof Zoo
Christiane F.

128 Seiten
ISBN: 978-3-9813270-5-2

Der Altmann ist tot
Fräulein Krise und Frau Freitag

120 Seiten
ISBN: 978-3-944668-07-9